Dans le lit des philosophes

Groupe Eyrolles
61, bd Saint-Germain
75240 Paris cedex 05

www.editions-eyrolles.com

© Groupe Eyrolles, 2012
ISBN : 978-2-212-55279-9

Gilles Prod'homme

Dans le lit
des philosophes

EYROLLES

Du même auteur :

Pensez positif, LPM, 1993.

Maîtrisez votre timidité, LPM, 1993.

La Visualisation positive, LPM, 1994.

Pratiquer la philosophie au quotidien pour vivre mieux, InterÉditions, 2004.

S'affirmer sans s'imposer, Dunod, 2007.

S'exercer au bonheur, la voie des stoïciens, Eyrolles, 2008.

Le Guide du mieux-être, Eyrolles, 2009.

Se faire des amis (coécrit avec Chantal Siebenfoercher), Eyrolles, 2010.

À C.
Éros, Philia, Agapè

Sommaire

VII

DEUXIÈME PARTIE : Qu'est-ce qui pourrait sauver l'amour ?

Annexes

Introduction

Vénus n'est toujours pas remontée du bloc opératoire

Hôpital Saint-Louis, vendredi 11 mars, 21 h 34. Une salle d'opération. Comme une musique de fond, seul s'élève le bruissement électrique des appareils de contrôle. Deux hommes en blanc. Penchés sur le corps d'une jeune femme. Blonde. Cuivrée. Merveilleusement proportionnée. Seins rebondis. Cuisses fuselées. Et cette chevelure ! Mais ce corps magnifique est ravagé de contusions multiples, couvert d'ecchymoses, sans parler d'affreuses blessures. Manifestement, les coups ont été portés avec une rare violence. De la frénésie. Une très vilaine fracture au niveau de la jambe gauche fait peine à voir. Cage thoracique enfoncée. Un carnage.

— Encore cette femme ! Décidément, la malheureuse est marquée par le destin, dit le premier.

— Elle doit avoir de drôles de fréquentations. Tu te souviens, la dernière fois déjà, elle était dans un état épouvantable. Notre patiente est salement amochée. Au fait, toi qui as un copain flic, sais-tu qui lui a fait ça ? répond le deuxième.

— Mon pote n'est pas au courant de tous les détails de l'affaire, mais il m'a expliqué deux ou trois trucs, enfin, je te préviens, c'est sordide…

1

— Allez, envoie !

— Cette fille a fréquenté un bon bout de temps une faune un peu bizarre. Des musiciens, des peintres, des poètes et une kyrielle de romanciers. Tous à baver devant elle et à lui faire la danse du ventre. C'était à qui irait le plus vite la mettre dans son lit. Ils n'ont reculé devant rien : le baratin, les cadeaux et même la défonce. Je peux te dire que ça picolait sec ! Mon copain m'a d'ailleurs confirmé que notre patiente a une sacrée descente, on dirait pas, à la voir. Je ne sais plus très bien leur nom. Ah oui, les *Artistes*, c'est ça. Tu parles d'un nom ! De sacrés numéros, ils te disent que tu es la plus belle, te promettent monts et merveilles et tu finis dans le caniveau, voire sur le trottoir. Les artistes aiment sans mesure puis détestent, sans discernement. Ils ont une fâcheuse tendance à rejeter avec violence ce qu'ils ont aimé avec passion. Pas très reluisant. D'ailleurs tu te souviens probablement, quand elle est arrivée chez nous. J'ai bien cru qu'on allait la perdre.

— Tu parles si je me souviens. Quand je pense que la deuxième fois c'était encore pire. Que t'a dit ton flic à ce sujet ?

— Eh bien, après ses déboires avec le gang des *Artistes*, la belle s'est ensuite calmée pendant un temps. Et puis tu sais ce que c'est, elle a recommencé à traîner ici et là. Bref, elle est tombée sur une autre équipe. De sacrés pervers. Eux, c'était plus subtil : des tonnes de théories étincelantes, des interprétations de symboles fumeux, d'étourdissantes lectures des rêves, des promesses de transformation comportementale, le tout saupoudré de médocs. Ils se faisaient appeler les *Psychologues*. Le résultat, tu le connais : au début des flatteries mielleuses et puis, assez vite, des insinuations, des menaces voilées, des paroles humiliantes et une fois de

2

plus, un déchaînement de sauvagerie. Des pluies de coups. Dire qu'ils prétendaient la libérer d'elle-même. Enfin, tu vois le genre.

— À supposer qu'on puisse la remettre sur pied, j'espère que cette fois-ci elle se tiendra peinarde.

— Je n'y crois pas trop…

— Que faire alors ?

— Rien. À mon avis, cette fille est incapable de rester seule. Madame aime s'ouvrir aux autres et obliger les autres à s'ouvrir. Au figuré comme au propre. Non, le vrai problème, c'est qu'avec elle, rien, et je dis bien rien, ne peut jamais être *neutre*. Absolument impossible. Les gens deviennent fous. Hommes et femmes indifféremment. Quand *les ailes d'Éros les frôlent*, il n'y a plus moyen de les raisonner. Du moins, c'est mon interprétation.

— Bref, on va bientôt la revoir au bloc.

— Y'a des chances, ou plutôt des risques. À moins que…

— Tu disais ?

— Je connais quelques types qui pourraient peut-être, je dis bien peut-être, s'en occuper. On les appelle les *Philosophes*.

— Quoi ? Les philosophes ? Tu plaisantes j'espère. Tiens, par exemple, Sartre ou Camus, c'est bien simple, ils n'arrêtaient pas. De vraies rock stars, mais avec tout un stock de justifications philosophico-morales à la mords-moi-le-nœud par-dessus le marché. Il y en a même un qui, non content de s'être inscrit au parti nazi, a passé sa vieillesse à lutiner ses étudiantes. Complètement libidineux, le vieux. J'ai oublié son nom.

— Martin Heidegger.

— Heidegger, c'est ça. Et tu veux confier cette fille à de tels mecs ?

3

— Tu as raison. Parmi les philosophes, il y a à boire et à manger, je suis le premier à le reconnaître. Mais certains sont vraiment en mesure de l'aider, mieux : de la protéger avec intelligence.

— Ne sois pas naïf...

— Non, je t'assure, je suis sérieux.

— Si tu le dis. Au fait, tu as des noms ? Mais des types fiables hein, pas des charlots à la Nietzsche ou comme ce type qui passe tout le temps à la télé pour donner son avis sur tout et rien. Il a une belle gueule et admet avoir besoin d'être *sous le regard d'une femme pour écrire*. Et l'autre, celui qui s'est remarié avec une nana qui pourrait être sa fille...

— Je connais ces personnages auxquels tu fais allusion. Mais tu sais, aujourd'hui, les philosophes ont presque tous des visages d'acteurs, ce qui ne les empêche pas, du reste, de connaître Kant et Wittgenstein sur le bout des doigts. De toute façon, l'ère des vieux verbeux incantatoires émaciés, à la barbe blanche et aux dents jaunes, est révolue. Le philosophe médiatique est d'abord télégénique.

— Bon, c'est bien joli tout ça, mais concrètement, on fait quoi ?

— On la retape et après je l'envoie chez Baruch, pour commencer. Enfin si elle veut bien car la décision doit venir d'elle. Il vit aux Pays-Bas. Ensuite on pourrait continuer avec Emmanuel ou René. Faut voir.

— Baruch ? Encore un de ces profs de philo reconvertis dans le consulting ou le coaching pour hauts dirigeants...

— Baruch a toujours refusé d'être prof. Il se contentait d'un boulot minable. Pas de fric. Pas de privilèges. Pas de femme. Que dalle.

— Baruch comment ?

— Spinoza. Baruch Spinoza. En français, Benoît.

4

— OK, vendu.

— En attendant, passe-moi le scalpel. Mademoiselle Vénus nous attend.

— Allez, en piste !

Ce livre souhaite montrer que Vénus (l'Aphrodite des Grecs), la déesse italique de la Beauté et de l'Amour, a bon espoir de trouver, au sortir de l'hôpital, un peu de réconfort auprès de plusieurs grandes figures de la philosophie. À défaut de parvenir à vivre *l'amour avec sagesse* et accessoirement *la sagesse avec amour*, peut-être pourra-t-elle accéder à davantage de lucidité. Ce serait déjà un beau résultat.

Avant de démarrer, je m'autorise un unique point de méthode : chacun des chapitres débouche sur une rubrique « quatre idées en forme de conseils » pour méditer avec profit puis, pour celles et ceux qui le souhaitent, se frayer une voie de passage vers l'action. Je confesse que je me rattache aux philosophes qui, non contents de spéculer, souhaitent indiquer à leurs contemporains des moyens de transformation de soi et/ou des situations. Une manière de renouer avec la tradition antique selon laquelle, comme l'a montré Pierre Hadot[1], la philosophie était un *choix de vie*.

Éclairage complémentaire

1. À mon sens, Pierre Hadot (1922-2010) fait partie de ces auteurs qu'il faut avoir lus au moins une fois dans sa vie. D'abord parce que ses livres, d'une richesse exceptionnelle, sont d'une lecture agréable et accessible, ensuite parce qu'il démontre patiemment en quoi les grandes pensées de l'Antiquité sont à la fois des systèmes d'idées et un choix de vie. Selon cette conception, se dire stoïcien, par exemple, c'est étudier les fondements théoriques du stoïcisme, certes, mais c'est surtout tenter de vivre chaque journée, si peu que ce soit, en stoïcien. Deux indications de lecture : *Qu'est-ce que la philosophie antique ?* (Folio Essais) et *Exercices spirituels et philosophie antique* (Albin Michel). Les lecteurs en appétit pourront compléter par un troisième livre, *La Philosophie comme manière de vivre* (Biblio Essais).

PREMIÈRE PARTIE

Parlez-moi d'amour…

Chapitre 1

« Voulez-vous coucher avec moi ce soir ? »

Question de méthode

De mes études de sociologie j'ai conservé un goût marqué pour les statistiques et les études reconduites à intervalles fixes, sur la base de méthodologies bien structurées : les chiffres collectés par l'enquêteur saisissent une réalité brute que le philosophe peut ensuite interroger et interpréter. Apparemment, voilà qui échappe à toute polémique, n'est-ce pas ? C'est bien mon avis. Sauf que nos chers philosophes ont presque tous développé le travers navrant consistant à crier haro sur les statistiques, au point de sombrer dans une sorte de superstition. Le même phénomène se reproduit avec la *technique* : pour un Michel Serres ou un Edgar Morin qui produisent de fructueuses analyses critiques, pratiquement tout ce que notre pays compte de penseurs dénigre en une litanie confondante de conformisme, la science, la technique et les technologies. Les trois concepts étant parfois purement et simplement confondus. Passons.

Qu'on se le dise : aligner des statistiques n'équivaut nullement à ignorer la dimension existentielle de l'humain ou à réduire l'homme à des chiffres. Les données quantitatives, mesurées à intervalles réguliers, fournissent au contraire un irremplaçable matériau pour exercer la réflexion qui, sans cela, tournerait rapidement à vide et se bornerait à la rumination d'abstractions creuses.

Du reste, aucun sociologue sérieux n'a jamais prétendu vouloir contenir la réalité, foncièrement dynamique, des phénomènes humains, dans une matrice de données. Ceci posé, notons d'emblée qu'au royaume du sentiment et de la sexualité, évolution des mœurs aidant, les études et les sondages se sont notoirement développés. Tous les travaux disponibles méritent-ils qu'on s'y arrête ? Certainement pas. Pour le sujet qui nous occupe, beaucoup ont le mérite de détecter des représentations personnelles et collectives, annonciatrices de nouveaux choix de consommation et modes de vie. Les angles de traitement du « sujet des sujets » sont pléthoriques :

- Quelle est la fréquence des rapports sexuels des Français ?
- Existe-t-il encore des pratiques taboues au sein du couple ou non ?
- Quel est le pourcentage de Français pratiquant occasionnellement ou non la bisexualité ?
- Quelle est la quantité de films pornographiques « consommée » annuellement par un célibataire ou un couple ?
- Combien de partenaires une femme a-t-elle au cours de sa « carrière » amoureuse ?
- Est-il possible de déterminer les paramètres (maladie, perte d'un emploi…) susceptibles d'induire de sérieux « coups de mou » de la libido ?
- Peut-on quantifier la durée de vie de la phase de suractivité sexuelle propre à toute nouvelle passion amoureuse partagée ?
- Quel est le nombre exact de divorces en une année ?
- Quel est le pourcentage de personnes qui se remarient ?

Beaucoup de pistes à explorer. Avec des relais démultipliés de diffusion des informations collectées, allant des chaînes de télévision aux forums sur Internet, en passant par la presse spécialisée ou généraliste. Petite confidence d'un homme qui a passé une bonne partie de sa carrière dans la presse : les journaux dopent leurs ventes lorsqu'ils publient les résultats d'enquêtes sur les sujets en phase avec les préoccupations du public. En fait, bien qu'ils s'en défendent, les lecteurs raffolent des ragots et des sondages !

Inutile d'entrer dans le détail des chiffres disponibles : ils évoluent constamment et l'objet de ce livre n'est pas de faire un traité de sociologie amoureuse[1].

Plus fondamentalement : l'humain est ainsi fait qu'il va comparer sans état d'âme sa consommation électrique annuelle par rapport à la moyenne nationale, mais qu'il va immanquablement se ronger les sangs si son « quota » de rapports intimes hebdomadaires est en dessous de la moyenne établie. On risque même de le retrouver dans le cabinet du sexologue, voire chez le rebouteux. Or, rappelons aux amateurs d'enquêtes cette vérité fondamentale : ce qui fait sens pour des paramètres techniques n'en fait aucun dans la sphère subjective. Pour reprendre notre exemple : évaluer les niveaux moyens de consommation électrique dans la durée permet aux autorités compétentes d'anticiper l'adaptation des infrastructures techniques et le niveau de la demande, bref, d'améliorer une situation existante. En revanche, comptabiliser la fréquence des ébats amoureux induit un risque interprétatif, au mieux ridicule, au pire dangereux. Quel risque ? L'individu à l'identité défaillante ou manquant simplement de recul peut voir dans le chiffre l'indication d'un standard de normalité et vouloir calquer son comportement sur une abstraction. La conformation à une norme n'est pas toujours une option rationnelle, loin s'en faut. Surtout : chacun sait bien que la libido n'est pas un long fleuve tranquille. Elle connaît ses périodes fastes, ses traversées du désert, ses pics et ses trous noirs, etc.

Bienvenue dans le monde de la sexualité *pervasive*

Plutôt que de nous livrer à de longues mises en perspective – entreprise passionnante et d'ailleurs menée à bien par une cohorte talentueuse de penseurs, de sociologues et de psychologues – dressons trois constats simples. Ils fixent le contexte dans lequel va se déployer la suite de ce livre.

Donc :

1. À notre époque, on peut affirmer sans crainte de se tromper que la sexualité est devenue *pervasive*. Ce terme anglo-saxon vient du latin *pervasus*, le participe passé de *pervadere*, c'est-à-dire « se propager », « se répandre », « imprégner », à l'instar de l'eau de pluie s'infiltrant partout. Le terme est d'ailleurs abondamment utilisé dans l'univers de l'informatique et des hautes technologies. De la puce électronique encodée dans votre carte bancaire à votre téléphone intelligent (smartphone), en passant par les caméras de vidéosurveillance (bâtiments, parkings, voie publique…), l'informatique, au sens large, irrigue toute votre vie de consommateur et de citoyen.

   Idem pour le sexe : on ne cesse d'en parler à longueur d'articles et d'émissions, d'en faire l'objet de nos confessions intimes, d'y penser, d'y rêver et d'agir par rapport à lui.

   Idem pour l'amour : la passion, le sentiment amoureux, le désamour, le mariage, le divorce… absorbent une quantité énorme de notre énergie psychique et orientent la plupart de nos actions.

Bref, les représentations liées à l'amour et au sexe occupent l'essentiel de l'espace mental de l'homo sapiens. Car, dénoncer les travers de la société de consommation sexuelle, condamner les excès de la chair ou les ravages de la passion, ce que les philosophes ont fait pendant des siècles, c'est, encore et toujours, se positionner par rapport aux objets du désir, ou du délit, selon les appréciations. Inconsciemment et consciemment, involontairement ou sciemment, nous sommes traversés en permanence par un flux ininterrompu de pulsions, impulsions, attractions, répulsions, sentiments, émotions, affects… En un mot : bien souvent nos aspirations sont tissées de chair et de cœur plus que d'esprit.

2. Les progrès de la médecine et l'allongement de la durée de la vie engendrent le maintien d'une activité sexuelle/amoureuse tardive. *Exit* l'image de la mamy-confitures, cheveux blancs et tablier noué autour d'une taille épaisse, au profit de la mamy-cougar qui emmène ses petits-enfants au fast-food, porte jean et ceinturon, multiplie les SMS torrides avec son deuxième ou troisième mari/concubin et, en femme libérée, *fume même un petit joint de temps en temps.* Quant à ces Messieurs, la cinquantaine bien tassée, ils n'ont aucun complexe à convoler avec des jeunesses qui pourraient être leur fille et auxquelles ils font des enfants. L'art d'être grand-père et papa à la fois, en somme. Selon le principe du bon vieux mimétisme social, l'exemple vient d'en haut : les vingt ans de différence (au bas mot) entre l'acteur de cinéma et sa énième épouse se reproduisent au niveau de la caissière et du charcutier. Inutile de préciser que la

conduite des philosophes imite celle de leur chanteur favori, de leur dentiste ou de leur plombier.

3. L'intérêt de l'humanité pour les affaires du cœur et du corps ne date pas d'aujourd'hui, ni même d'hier, mais au moins d'avant-hier. En témoignent certaines fresques romaines qui font glousser les touristes alors que plusieurs passages de l'Ancien Testament s'avèrent délicieusement équivoques et sulfureux. Un comble pour un texte religieux. Sexe, érotisme et religion, tout un poème ! Mais, dans nos sociétés complexes, « matricielles » comme disent les spécialistes, ce qui a changé, c'est le statut et l'échelle.

Le statut : la recherche de l'amour et du plaisir (sexuel) est clairement revendiquée, affichée, assumée. Conséquence : plus question de se laisser enfermer dans une relation insatisfaisante, d'autant que la simplification des procédures de séparation est là pour faciliter la vie des candidats à la liberté affective. Pas question non plus de se limiter dans les expériences. Les morales canoniques ont vécu et si l'ordre moral fait de la résistance, c'est à la marge. On désire, selon une expression que je n'ai jamais comprise, refaire sa vie et vivre « plusieurs vies en une seule ». Résultat : à 20, 30, 40, 50, 60 ans (voire davantage) nous voilà embarqués dans des histoires sans fin, de l'aventure d'un soir à la grande passion, pour ne rien dire de nos projets d'enfants et de familles recomposées. Ce parcours (que d'aucuns vivent comme une errance, d'autres comme un cheminement) constitue, pour l'essentiel du genre humain, le contenu d'une vie. Aimer, être aimé, ressentir, éprouver ou même souffrir, finalement, tout ça vaut mieux que de ne rien vivre. En effet, hommes et femmes préfèrent encore les douleurs brûlantes des amours contrariées aux froids attraits de la sagesse dépassionnée.

Exprimé de façon brutale : ne viennent à une étude sérieuse de la sagesse philosophique que les individus aux blessures d'amour et de fierté jugées inguérissables. Les autres y font une halte pour lécher leurs plaies, puis repartent de plus belle dès que retentit la sonnerie du téléphone. En quelques secondes les promesses d'empire sur soi sont sacrifiées – et avec quel empressement – sur l'autel du plaisir retrouvé, ou simplement espéré.

L'échelle : l'Internet, encore et toujours lui, permet d'accroître considérablement les possibilités de contacts en multipliant les abonnements aux sites de rencontres. Le cyber-love est un monde à lui tout seul. Aux côtés des sites généralistes connus de tous, dont certains rassemblent plus de 20 millions de membres, a surgi une myriade de sites thématiques fonctionnant sur le mode du club dont l'admission se fait par cooptation. En décembre 2009, un site exclusivement réservé aux personnes mariées souhaitant, qui une maîtresse, qui un amant, a vu le jour. En septembre 2010, il revendiquait déjà plus de 350 000 membres, près de 850 000 actuellement, dont 40 % de femmes[2]. L'inscription sur des sites dédiés, pratique non condamnable en soi, comporte un risque potentiel : je rencontre une personne qui me convient grâce à Internet, la relation se passe plutôt bien, mais quelque part dans un coin de ma tête, une tentation persiste ; retourner sur la Toile afin de vérifier si je ne peux pas décrocher mieux. Après tout, pourquoi se fixer des limites puisque l'Internet s'enrichit constamment de nouvelles « offres » ?

Au fait, cette logique ne vous rappelle rien ? Mais si voyons, faites un effort ! Vous ne voyez vraiment pas ? Les bases de données de CV en ligne. Vous occupez un emploi, mais vous restez connecté en permanence auprès de recruteurs potentiels. Bref, vous travaillez dans une entreprise en anticipant toujours le coup d'après. La presse spécialisée dans le management ne parle que de ça : ne jamais s'arrêter, rester toujours « en chasse pour être chassé par les chasseurs de têtes ».

L'aboutissement de cette logique est évident : dans un boulot ou un couple, nous nous transformons en éternels précaires, nous sentant « bloqués » dans une situation donnée, constamment en attente d'autre chose.

Traduction philosophique : engagés dans un perpétuel devenir, pris dans un fantasme d'ubiquité absolue (puisque par principe l'herbe est toujours plus verte ailleurs, n'est-ce pas ?), nous ne coïncidons plus avec nos choix du moment, mais surtout nous devenons incapables d'explorer les possibilités du présent. Et ainsi passent les années, dans une fuite infinie vers un « toujours plus, toujours mieux » aussi indéfinissable qu'insaisissable.

Je me développe, tu t'épanouis, ils se séparent

L'exigence d'amélioration de notre situation (du boulot au lit, en passant par le look) a une cause : l'emprise croissante du paradigme du développement personnel qui nous pousse à construire et affirmer notre individualité. J'ai traité ailleurs le sujet en profondeur, notamment sous l'angle philosophique, je n'y reviens donc pas[3]. Je me limite à un aspect que j'estime essentiel : un des principes du développement personnel (« développement de la personnalité » est en fait le terme approprié), c'est d'exploiter son potentiel interne et de repousser sans cesse ses limites (sans en nier l'existence pour autant) dans un processus d'amélioration continue. Conséquence : les relations amoureuses doivent, elles aussi, s'inscrire dans cette logique d'excellence et plus question, évidemment, d'accepter concessions et sacrifices au-delà d'un certain point. Lequel est très vite atteint. Ce serait exagéré de soutenir qu'aujourd'hui on téléphone à l'avocat pour un plat mal cuisiné ou une phrase mal formulée, mais il y a de ça. Qu'on soit homme ou femme, les entraves à l'essor de la personnalité, supposées ou réelles, sont de moins en moins tolérées. L'amour doit être vécu au superlatif : pas de baisse de l'intensité de la passion, de la libido, et, osons le dire, du compte bancaire. Être constamment « au top », voilà le « must ». Ce comportement d'enfant gâté est foncièrement contradictoire : être amoureux suppose l'irruption de l'autre en soi (délicieuse ou douloureuse, le plus souvent les deux à la fois). En toute hypothèse, une part de la sacro-sainte liberté de l'individu se trouve aliénée. Or, l'adepte du dév' perso' veut tout et son contraire : l'exaltation de son Moi et la fusion avec l'autre, le self-control en toutes circonstances et la perte de soi dans l'autre, la cohabitation intime sans rien lâcher de ses objectifs « perso ». Bref, le développement personnel mal compris porte en germe ruptures et séparations car, dans le couple, si l'émulation des ego peut entretenir une certaine dynamique, la compétition entre homme et femme s'avère contre-productive dans la durée. Et pourtant, reconnaître inachèvements et fragilités (en soi, chez l'autre) peut créer les conditions d'une authentique ouverture et donc, d'une expérience existentielle de premier ordre.

Fait intéressant : une théorie scientifique veut que l'inachèvement du nouveau-né humain soit la condition nécessaire de son développement et de son évolution futurs. Le rapprochement de cette conception avec l'amour se révèle éclairant. En effet l'irruption de l'amour dans une existence réglée, planifiée, centrée sur l'affirmation de l'autonomie met brusquement l'amoureux face à un sentiment de vide. Prenons le cas d'un homme conduisant plutôt bien sa barque dans la vie (bonnes études, bon travail, bon salaire...). Un beau matin, au détour d'un ascenseur il tombe nez à nez avec une recrue fraîchement arrivée dans l'entreprise où il travaille. Coup de foudre immédiat. Que se passe-t-il ? Avant cet instant, il croyait tout avoir, ou presque. Or, du jour au lendemain, il se met à penser et à débiter, mot pour mot, les phrases contenues dans tout ce qui se fait en matière de romans et de films. Cela va de *L'Éducation sentimentale* de Gustave Flaubert à la comédie *Hitch*, où Will Smith campe le désopilant personnage d'un love coach : « Ce fut comme une apparition », « Ce qui me passionnait il y a encore trois jours me laisse complètement indifférent », « C'est bien simple, je ne comprends même plus comment j'ai pu m'intéresser à mon travail ». Bref, notre *heart of glass* vérifie par cris et larmes la réalité de l'increvable vers d'Alphonse de Lamartine : « *Un seul être vous manque et tout est dépeuplé.* »

On pensait être complet, construit, achevé : on se réveille dans le cauchemar du manque absolu.

Cette funeste fascination pour les chiffres

Terminons ce chapitre par un retour rapide aux enquêtes évoquées plus haut au travers de quelques statistiques glanées ici et là. Cioran disait, et à mon avis à juste titre, que les Occidentaux « *ont le phénomène dans le sang* ». Selon lui, c'est là notre tare congénitale qui fait de nous d'indécrottables matérialistes (au sens étroit et non philosophique), incapables de tout progrès moral digne de ce nom. Or, notre boulimie de chiffres sur les sujets les plus divers (de l'achat de véhicules à la sexualité) exprime notre fascination pour le quantitatif, notre goût de l'accumulation, notre soif d'objets, bref, notre quasi-impossibilité à penser et vivre *qualitativement*. Avant de philosopher avec profit, il est souhaitable, à mon sens, de prendre conscience de cet état de fait.

Quant aux chiffres…

* la moyenne française des rapports sexuels est de 9 fois par mois, pour une durée comprise entre plusieurs heures et… trois minutes. Des études sont en cours sur la fréquence des rapports au début du mariage, au bout de 3 ans, 5 ans… ;

* les femmes déclarent avoir en moyenne 4,4 partenaires sexuels dans leur vie ;

* les hommes déclarent avoir en moyenne 12,1 partenaires sexuels dans leur vie ;

* 9 femmes sur 10 de plus de 50 ans, vivant en couple, sont sexuellement actives ;

* la taille du pénis, sujet étudié sous toutes les coutures, si j'ose dire, est de 15 centimètres en France (contre 14 centimètres en moyenne mondiale).

Allez, un petit bonus croustillant (je ne doute pas que vous lirez ce paragraphe jusqu'à sa dernière ligne) : le record en la matière est détenu par un Américain avec 25 cm au repos et 34 cm en… pleine action. Puisque nous y sommes, au diable la pudibonderie : la norme requise pour les acteurs de films X, les fameux *hardeurs*, est de 25 cm. Soit la taille de l'engin de la star du genre, Rocco Siffredi, dont le moins qu'on puisse dire est qu'il ne nous cache rien de son anatomie avantageuse (eh oui, j'ai vérifié que sur Internet de

telles statistiques existent, preuve qu'elles répondent à une
« attente » du public). Je vous épargne toutefois les pluies
de chiffres sur la pratique de la masturbation masculine ou
féminine, le taux de consommation de *sex toys* par habitant
ou plutôt habitante… Selon le mot savoureux de l'écono-
miste John Kenneth Galbraith : « *Il y a des limites à tout.* »
C'est bien mon avis.

Quatre idées en forme de conseils

✓ C'est le moment ou jamais de vous poser cette question simple mais directe : pourquoi ai-je acheté ce livre ? Notez vos réflexions. Vous les reprendrez au terme de votre lecture. Je prends un pari : si vous ne savez pas vraiment répondre, l'étude sérieuse des 12 chapitres vous fournira de très précieuses indications et son lot de révélations. Livrez-vous à cette expérience dans un esprit d'ouverture.

✓ Évaluez deux choses : d'une part, le pouvoir d'attraction de la sexualité sur vous (sans fausse pudeur, en vous attribuant une note entre 0 et 10), d'autre part, le statut de la sexualité dans votre existence, c'est-à-dire son degré d'importance (là aussi, écartez vos préventions). Question annexe : qu'avez-vous *réellement* pensé de ce chapitre et qu'avez-vous ressenti en votre for intérieur ?

✓ Interrogez-vous sérieusement sur ce qui, d'après vous, constitue une concession (acceptable) et une compromission (porteuse de conflits) au sein du couple. Des différences d'appréciation mineures peuvent, à la longue, déboucher sur des antagonismes insurmontables.

✓ Saint Augustin (354-430) se désolait de savoir ce qu'est le temps lorsqu'on le vit... mais de ne plus savoir quoi en dire quand la pensée veut le définir. La même remarque vaut pour l'amour. Les définitions des philosophes nous enseignent beaucoup de choses, sans rien nous apprendre. Elles ont néanmoins l'avantage insigne de nous engager à essayer d'interroger le mystère au cœur de cette irrésistible attirance qui nous porte vers un être, de différentes manières, selon qu'il s'agit d'un conjoint, d'un enfant, d'un parent ou d'un ami. Généralement sidérés par ce sentiment, le recours aux pensées des philosophes constitue une ressource – en cas de désarroi – dont il serait dommage de se priver. Nous en saurons davantage dans les prochains chapitres.

Éclairages complémentaires

1. Contrairement à un contresens courant, pour ne pas dire systématique, l'obsolescence rapide des données d'enquêtes est la condition même de leur intérêt. Elles visent à mettre en évidence des dynamiques et non à fixer des statistiques… statiques. Surtout, la pratique des recoupements donne la possibilité de valider ou d'infirmer des hypothèses de travail au plan conceptuel. Application pratique : pour écrire ce chapitre, j'ai rapproché l'évolution du nombre de célibataires en France (plus de 15 millions), l'essor du nombre de sites de rencontres (au bas mot plusieurs centaines), j'ai constaté leur segmentation accélérée depuis trois ans environ : j'y vois un signe et une des causes de l'érosion graduelle du modèle républicain au profit de logiques communautaristes et égocentrées. Mais ce n'est pas tout : le recours à d'autres données m'a permis de constater que l'éclatement de la société en sous-groupes induit mécaniquement l'émergence de nouvelles exigences de solidarité, de « vivre ensemble », voire de retour à l'affirmation de la puissance publique. Exemple : chacun de nous aime regarder « sa » chaîne de télévision, mais aime rejoindre les grandes chaînes généralistes pour regarder des méga-événements fédérateurs du type Coupe du Monde, dans le but de renforcer son sentiment de participation au collectif.

2. Je veux évidemment parler de Gleeden, dont le « concept marketing » est d'une habileté rare (je le dis sans ironie). Car sur Gleeden est « honnête » le membre qui s'inscrit exclusivement pour trouver de quoi s'adonner à de savoureux « 5 à 7 », est « malhonnête » l'internaute voulant se marier et non tromper son conjoint ! Les grands sites généralistes sont avant tout le géant Meetic (plus de 20 millions de membres) et autres Parship, ou eDarling. Ces plates-formes sont au *love on the Web* ce que TF1 et France Télévisions sont au PAF (cf. point précédent). De son côté, AttractiveWorld (l'anti-Meetic) mise sur la sélection par cooptation selon des critères esthétiques et économiques, alors qu'on ne compte plus les sites liés aux particularités sexuelles, religieuses, culturelles, politiques… Il existe même des comparateurs de sites, comme cela se fait pour l'assurance ou les vacances. Confession de l'auteur : la nécessaire phase d'information sur certaines statistiques et sur certains sites n'a pas été le meilleur moment de l'écriture de ce livre. Loin s'en faut.

3. Gilles Prod'homme, *Le Guide du mieux-être*, Eyrolles, 2009.

Chapitre 2

Sugar Baby Love est parti avec l'eau des éprouvettes

Cocktail d'hormones d'amour au shaker

Ce chapitre doit être lu comme une extension du premier, tant les évolutions des modes de vie et le fonctionnement physico-psychique des êtres humains interagissent constamment. En clair, le contexte où se déploient les relations d'amour est traversé par des tendances sociétales lourdes (modification de la structure familiale, transformation des rapports hommes/femmes due notamment à la généralisation du travail féminin, émancipation sexuelle des femmes…), mais aussi par l'évolution de notre cerveau (nos connexions neurologiques) et de notre organisme (nos réactions physiologiques et chimiques aux stimuli extérieurs). Il est également influencé par des théories, à l'instar du discours sur la neurobiologie de l'amour.

Ce discours, donc, est une conséquence de l'application au monde du sentiment du génétisme, c'est-à-dire la propension à expliquer attitudes et comportements par les déterminations physio-biologiques propres à une espèce. Ainsi l'amour, qui exerce une attraction qui ne se dément pas, serait la résultante d'un cocktail d'hormones libérées dans l'organisme au bon moment, sous l'impulsion de l'instinct de conservation. Objectif de Dame Nature : assurer la relève des générations. Un flot d'ouvrages aux ambitions scientifiques (pseudo-scientifiques jugeront les détracteurs) nous assure que quatre substances essentielles sont à l'œuvre dans la chimie des baisers langoureux et des serments larmoyants[1].

D'autre part, si l'on s'appuie sur les travaux des deux représentantes les plus connues en la matière, à savoir la Canadienne Helen Fisher et la Galloise Lucy Vincent, il apparaît que le génie de l'espèce s'exprime au travers de conduites que nous estimons – à tort – dues à notre libre arbitre.

D'après le paradigme neurosciences/neurobiologie, non seulement nous n'avons pas la liberté de « tomber » amoureux, mais le choix de l'être « élu » s'opère selon une dynamique psychologique, sociale et bien sûr physiologique qui nous échappe à peu près complètement. À mes yeux, les travaux d'Helen Fisher ont le mérite d'enquêter *à la fois* sur les marqueurs chimiques et sociaux qui façonnent le sentiment amoureux. Je ne développe pas le sujet pour m'en tenir à la thèse centrale des champions, ou plutôt des championnes du « neurobiologisme » : dans le domaine de la sexualité et de l'amour, l'évolution (darwinienne) a doté les humains de trois réseaux neuronaux différents[2], mobilisés dans les phases de séduction, d'accouplement, de reproduction et de parentage.

Plus précisément :

* la pulsion sexuelle nous pousse à multiplier les rapports intimes avec différents partenaires en vue de nous préparer à sélectionner le meilleur candidat à la « confection » d'enfants « parfaits » ;

- l'amour romantique (en langue originale, *romantic love*) nous fait choisir un partenaire particulier en vue de fonder un foyer (plus prosaïquement : copuler pour procréer) ;
- la phase dite d'« attachement » programme Monsieur et Madame à rester ensemble suffisamment longtemps afin que la période de parentage puisse être menée à son terme.

Conséquence : nos aventures amoureuses à la Tristan et Iseut (Iseult ou Yseult, selon les orthographes), que nous pensons uniques, sont en fait la reproduction d'un schéma universel. Chaque jour à la surface de la planète, des millions de « Je t'aime » s'échangent l'œil dégoulinant et la poitrine serrée... dans une indifférence cosmique totale. D'ailleurs, s'il faut en croire le mythe, Tristan et Iseut ont anticipé de plusieurs siècles les travaux de Lucy Vincent : les deux amants, une fois réunis, savent que tout amour non stimulé par d'insurmontables obstacles est voué à s'étioler, d'où la décision de se séparer, pour que ne meure pas tout à fait la flamme de la passion brûlante.

On comprend le sentiment de malaise, ou d'amusement désabusé, que peut susciter auprès du public la théorie de l'amour chimique.

Or, trois constats des plus massifs devraient nous engager, tous autant que nous sommes, à la circonspection. Et nous dissuader de traiter par-dessus la jambe (l'expression est appropriée) les conclusions des neurosciences et de la neurobiologie :

1. Chacun de nous vit et observe autour de lui qu'en effet, la passion ne dure pas. Madame, Monsieur, après plusieurs années de cohabitation (les fameuses trois années), regardez-vous toujours dans le blanc des yeux avec une

25

attention fiévreuse votre Roméo ou votre Juliette pendant des heures, comme c'était le cas dans les premiers temps de la rencontre ?

2. La phase d'aveuglement caractéristique de l'état amoureux, où les défauts de l'autre sont systématiquement minorés et ses qualités arbitrairement exaltées, n'a-t-elle pas progressivement cédé la place à des jugements plus mesurés (ce qui est d'ailleurs hautement souhaitable) ?

3. Peut-on sérieusement nier le fait que l'amour, bien qu'il s'en défende, semble apprécier les statistiques ? Même s'il serait stupide de nier les imprévus de la passion qui existent, et se jouent des chiffres. Ne jetons pas le bébé de l'amour avec l'eau des éprouvettes de nos neurobiologistes. Du reste, Helen Fisher note que les suicides d'amour n'ont rien d'une vue de l'esprit et qu'au final, leur nombre reste considérable. Spécialement chez les hommes. Pour autant, il faut admettre que certains paramètres psychosociaux modèlent la représentation que nous nous faisons de nos propres sentiments amoureux. Bien évidemment, un film peut nous faire croire que l'*executive woman* à la tête d'une grande entreprise va brusquement tomber folle amoureuse du laveur de carreaux. Mais dans la réalité, une femme hautement qualifiée et grassement rémunérée cherchera plutôt un homme jouissant d'un statut social au moins équivalent et, de préférence, supérieur au sien. *Idem* pour les hommes : à de rares exceptions près, le mari en capacité d'entretenir financièrement une épouse intermittente du spectacle va s'orienter « librement » vers une femme bien installée socialement. Bref, l'argent va à l'argent, on ne prête qu'aux riches, on se marie « entre soi » et on tend à reproduire inconsciemment les préjugés de classe.

Depuis l'époque des romans de Balzac ou de Zola, rien n'a changé, ou presque. Et l'amour bohémien ? Une île surnaturelle (mais réelle) dans un océan de statistiques (également réelles).

Le mystère des affinités électives persiste et signe

Le déballage de données et de recherches, allant des enquêtes menées auprès d'échantillons d'étudiants jusqu'à l'utilisation de l'IRM (imagerie par résonance magnétique), fournit, insistons, un matériau très intéressant pour la réflexion. Pour coller au plus près de notre sujet, je formule deux remarques.

Première remarque. La description des lois de fonctionnement de l'amour glandulaire présente un intérêt pratique notable et, *last but not least*, élargit les perspectives des interrogations des philosophes. Richard David Precht[3] dit ainsi : « *La biochimie peut décrire mes réactions corporelles. Elle ne peut pas me dire de qui je tomberai amoureux.* »

Par exemple, si un psychotrope de l'amour était mis au point en quelque laboratoire, cela expliquerait pourquoi Jean-Pierre, en le consommant, a de fortes probabilités de tomber amoureux. Mais l'usage d'une pilule ne pourrait jamais rendre raison de son attirance pour Laurence et non pour Muriel, toutes deux fort séduisantes.

De même, si le modèle de reproduction sociale joue un rôle important dans les affinités électives, Ludovic serait, en dernière analyse, incapable de justifier pourquoi, entre deux étudiantes rencontrées dans son école de commerce et présentant *grosso modo* des caractéristiques équivalentes, il préfère la brune Nadia à la blonde Audrey… alors qu'il ne fait pas mystère de sa prédilection pour les longues chevelures blondes.

En synthèse, un je-ne-sais-quoi résiste à la réduction sociologique ou biologique. Pour percer le mystère du processus amoureux, en supposant qu'une telle entreprise soit possible, nul doute qu'il faudrait bâtir les interprétations sur une approche multicausale et non monocausale (cf. le désir d'expliquer l'intégralité d'un phénomène hautement complexe comme l'amour, par une théorie unique, en l'occurrence la neurobiologie). Personnellement, je suis incapable de décider s'il faut se réjouir ou non de l'existence d'un mystère résiduel de l'état amoureux. Rien n'indique, en effet, que sauver le mystère (de l'amour ou d'autre chose) soit une bonne chose en soi. Encore un débat iconoclaste dans lequel nous n'entrerons pas.

Deuxième remarque. Lucy Vincent, s'appuyant notamment sur son expérience personnelle, est la première à souligner qu'en connaître un rayon sur les hormones de l'amour n'empêche nullement… de tomber amoureux. Selon elle, les processus chimiques sont les processus chimiques. Pas moyen de passer outre. Elle ajoute toutefois : « *Les connaissances permettent néanmoins une certaine prise de recul.* »

Observer, analyser puis essayer de prendre du recul au cœur même de l'expérience. Philosophiquement parlant, tout est là finalement : jouir pleinement de l'effet shoot lié à la libération de nos chères hormones sans devenir pour autant un camé compulsif. En un mot : conserver un minimum d'équilibre dans le shaker des substances et des émotions.

Quatre idées en forme de conseils

✓ Vous vivez un état amoureux ? Comparez ce que vous ressentez aux descriptions contenues dans les livres, à l'instar de ceux concoctés par Helen Fisher ou Lucy Vincent. Et posez-vous franchement la question : suis-je amoureux de cette personne ou n'est-ce pas plutôt du délicieux état qui me traverse l'esprit et le corps ? Bien qu'elles s'en défendent, beaucoup de personnes préfèrent l'intensité (même douloureuse) des sentiments et les émotions paroxystiques au charme discret de la vie simple sans événements extérieurs. Peu d'humains suivent le raisonnement de Descartes qui se réjouissait ouvertement des moments où il n'était « *agité d'aucune passion* ». En disant cela, il pensait par exemple à la colère, la tristesse, l'envie, mais également aux désordres de la passion amoureuse… qu'il se gardait bien, toutefois, de condamner « à la manière des Anciens ».

✓ La passion amoureuse, encore et toujours elle, se définit par une véritable obsession mentale de la personne désirée : impossible de se concentrer sur autre chose. Si vous êtes dans ce cas, pas de doute, vous allez devoir gérer une situation particulièrement délicate. Cependant : malgré ce que vous pouvez ressentir et penser actuellement, cet état s'estompe INEXORABLEMENT avec le temps. Vivez l'émotion présente, il vous serait d'ailleurs impossible de faire autrement, et acceptez l'état de manque (de l'autre) pour ce qu'il est : une « joie-souffrance » impossible à décrire. Le temps de l'analyse viendra plus tard.

✓ Livrez-vous à cet exercice, tout sauf facile : faites abstraction de vos ressentis (ces chairs de poule affolantes) et de vos réactions physiologiques (ces démangeaisons délicieuses), puis essayez de dresser un portrait aussi objectif que possible de l'être aimé, en deux colonnes (« Ce que je perçois de ses qualités », « Ce que je perçois de ses défauts »). But de l'opération : essayer d'induire un peu d'objectivité dans le maelström des émotions. Impossible ? Raison de plus pour lancer sans tarder l'exercice.

✓ Si la neurobiologie a raison et qu'en effet le feu d'artifice fusionnel ne dure pas, notre espèce n'étant pas « programmée » pour cela, la meilleure option, pour deux jeunes amants, est de prendre le temps de recenser leurs similitudes et différences puis de déterminer si l'union envisagée est potentiellement viable, ou déséquilibrée à la base. Sur la durée, regarder dans la même direction, sans offrir aucune garantie de bonne entente, constitue toutefois un avantage certain, lorsque seront abordées les eaux calmes du tendre attachement (moins de passion, plus de sollicitude et de solidarité).

Éclairages complémentaires

1. La neurobiologie de l'amour évoque inlassablement les effets de quatre substances sur le comportement amoureux de l'homo sapiens : les phéromones (incorporées dans les urines, la transpiration, les selles ou sur la peau, elles sont libérées dans l'espace permettant aux spécimens d'une même espèce de « communiquer ») ; l'ocytocine (cette hormone aurait le pouvoir de créer le lien romantique ou maternel produisant son plein effet durant trois ans environ) ; la dopamine (cette substance est à l'œuvre lorsque nous ressentons que « l'amour donne des ailes ») ; l'endorphine (cette « morphine endogène », une fois activée dans l'organisme, fait de nous de véritables « shootés à l'amour »).

2. Les « trois réseaux » ne sont pas des moments successifs de l'évolution, mais fonctionnent au contraire en mode simultané/hétérogène. Ce qui explique, selon Helen Fisher, pourquoi un homme peut être à la fois attaché à une seule femme, en désirer sexuellement avec assiduité une autre au point d'en faire sa maîtresse attitrée et souhaiter multiplier les aventures d'un soir. Pas sûr qu'un tel homme ait encore le temps – et l'énergie – de chercher à penser l'amour, livre de philosophie en main.

3. Auteur du best-seller *Qui suis-je ? Et si je suis combien ?*, Richard David Precht a aussi publié *Amour, déconstruction d'un sentiment*, Belfond, 2011.

Chapitre 3

Diogène : fracassante entrée en scène du philosophe exhibitionniste

Lâcher de chiens dans Athènes

Ouvrons le bal de notre galerie de portraits de philosophes avec un personnage brutal, cinglant comme une gifle, coupant comme un rasoir. Nous qui vivons empêtrés dans nos émotions, constamment ballottés par des sentiments contradictoires, tétanisés par nos peurs d'amour ou nos angoisses de rejet, embourgeoisés jusqu'à l'os malgré nos pseudo-aspirations libertaires, avides de plaisirs, capricieux comme des enfants, il est salutaire que nous nous arrêtions un instant sur le cas Diogène. Quoi, le vieux grincheux à demi-nu qui vivait dans un tonneau ? Précisément ! Pourquoi lui ? Parce que sa pensée et son exemple constituent la meilleure entrée en matière possible dans une éventuelle philosophie de l'amour. Toute pensée philosophique digne de ce nom suppose comme acte fondamental, sinon fondateur, un *arrachement* à ce que l'on pense et vit.

Et c'est d'abord ça, philosopher : mettre à distance, observer, examiner, étudier, douter, critiquer puis, éventuellement, se réformer soi-même et, pourquoi pas, chercher à transformer la société. Soit, en substance, le message cynique.

À l'instar d'un Pythagore, les éléments biographiques sur Diogène (vers -413-327) mêlent la réalité historique et la légende, les enseignements véritables et les propos apocryphes (cf. *Vies et doctrines des philosophes illustres*, Diogène Laërce).

Restons-en toutefois à l'essentiel. Né à Sinope (ville de Turquie située sur la mer Noire), Diogène est le fils d'un banquier qui aurait été emprisonné suite à une accusation de falsification de monnaie, poussant ainsi notre philosophe à rejoindre Athènes. L'autre nom de Diogène de Sinope est Diogène le cynique. Aujourd'hui, le terme « cynique » désigne une personne impudente qui raille la morale et considère que l'homme est mû exclusivement par ses intérêts égoïstes et mesquins.

Mais le cynisme représente avant tout une école philosophique grecque, fondée par Antisthène (vers -444-365), un disciple de Socrate (-470-399). La postérité du mentor de Platon (-428-348) a donné naissance à deux grands courants, à savoir les grands socratiques (Platon et Aristote) et les petits socratiques (les Cyrénaïques, les Mégariques et les Cyniques). Alain Graf résume l'essence du cynisme dans lequel il voit un moralisme déçu lorsqu'il écrit : « *Si le cynisme est provocateur c'est faute de trouver parmi les hommes témoignage de leurs exigences. Se moquer des hommes n'est pas ici les haïr, mais tourner en dérision leur culture, refuser toute crédibilité aux comportements humains qui camouflent la véritable nature des hommes. Ce n'est pas l'homme en sa nature qu'ils méprisent (ils ne sont pas misanthropes), mais l'homme convenu. Leur projet est de dénoncer les valeurs culturelles comme des pseudo-valeurs, des valeurs arbitraires qui introduisent des différences entre les hommes, qui engendrent la xénophobie et font oublier à l'homme social l'universalité de la nature humaine, les vraies valeurs de la morale sur lesquelles les hommes pourraient s'accorder. L'insolence n'est pas une fin en soi ; elle exprime plutôt leur volonté de créer une contre-culture.*[1] » À moins qu'il ne s'agisse d'une culture de l'authenticité.

Cette citation un peu longue nous permet de mesurer la portée de l'anecdote d'un Diogène déambulant en plein jour une lanterne à la main, s'adressant à ses contemporains avec cette question : « *Où est l'homme, je cherche l'homme.* »

Elle nous aide également à mieux goûter ce court florilège : « *La science, les honneurs, les richesses sont de faux biens qu'il faut mépriser* », « *Ne t'engage à rien, ne souscris à rien, ne t'encombre de rien, un homme libre n'a ni femme ni maître, ni obligation, aucun de ces fardeaux qui pourrissent la vie et l'enlaidissent* », « *Moque-toi des conventions sociales et oppose-leur la nature ; affranchis-toi du désir, réduis tes besoins au minimum et tu seras le plus heureux des hommes !* », « *L'homme doit vivre sobrement, s'affranchir du désir, réduire ses besoins au strict minimum* », « *Pour vivre heureux, dispose d'une raison droite ou d'une corde pour te pendre. Construis ta vie comme une œuvre d'art, forte, unique et parfaite. Érige en toi ta propre loi, à la fois inébranlable et vivante* », « *Les bêtes sauvages et libres sont plus heureuses que les hommes. L'homme qui n'est pourtant qu'une bête trahit sa nature profonde en se conformant aux opinions de la foule* », « *Homme, tu es le seul dieu assez puissant pour te rendre heureux. Sois à toi-même ton propre maître et ton esclave. Entraîne-toi à tout surmonter, c'est de la boue et de la souffrance que naissent les âmes fortes.* »

Or, la « *bête* » qui désigne le mieux le philosophe cynique est le chien. En effet, cynique vient du grec *kunos*, chien. D'où le surnom, Diogène le chien. Philosophe clochard,

33

SDF avant la lettre, vêtu de haillons, allant nu-pieds, été comme hiver, dormant non pas dans un tonneau mais dans une grosse jarre à grain en argile qui lui sert de niche, refusant de travailler et se contentant de mendier sa nourriture, adepte de la frugalité, Diogène est bien le digne représentant des philosophes-chiens. D'ailleurs tableaux et statues le représentent souvent accompagné d'un toutou. Du reste, avant de mourir, le philosophe-gueux aurait demandé qu'on laissât son corps sans sépulture... pour que les chiens puissent festoyer à leur aise.

Teigneux jusqu'à l'agressivité, notre sage-rebelle harangue, crie, imite les jappements canins, fait mine de mordre, vitupère. Bref, Diogène offre une version survitaminée, super *heavy metal* et complètement déjantée de l'ironie socratique (Platon aurait déclaré : « *Diogène est un Socrate devenu fou.* »). Il faut dire que sa façon de s'exprimer frôle souvent l'insulte. « *Eh toi, le gros cochon, qui détournes le regard, tu m'entends ? Oui, toi, la honteuse, qui bouffes ton gâteau en douce, vas-tu me donner quelques miettes pour que je mange ? Au lieu de t'empiffrer et d'enfler ta barrique, nourris-moi avant de crever comme une baudruche ! Tu entends ?* » À une femme prosternée en prière, il souffle : « *Ne crains-tu pas ma fille que le dieu que tu pries ne profite de la situation et ne vienne sans scrupules t'embrocher par-derrière, puisqu'il est tout-puissant ?* » Rude avec les autres, Diogène l'est d'abord avec lui-même, sans quoi il serait un imposteur. Ainsi, voyant un enfant buvant à une fontaine avec le creux de sa main, il s'écrie : « *Cet enfant m'apprend que je conserve encore du superflu* », et décide de jeter son écuelle.

Liberté, égalité, sexualité

Nous avons planté le décor et fait la connaissance de Diogène. Sa conception de l'amour découle directement de sa philosophie. Notre corps est promis à la décrépitude et ne mérite guère tant de soins. Sacrifions à ce que la nature exige sans autre forme de procès. La poésie du sentiment est évidemment laminée et la sexualité ramenée à une fonction animale. Pas de déclarations enflammées, pas de trémolos, ni de fioritures. Ainsi, l'occasion de faire l'amour se présente-t-elle ? Peu importe le, la ou les partenaires. N'importe quel corps tant soit peu désirable fera l'affaire, l'important étant de ne pas s'attacher. On jouit dans l'instant puis chacun reprend ses méditations. Notre penseur prône d'ailleurs une égalité totale entre homme et femme, et une promiscuité sexuelle à peu près complète. Inutile de préciser ce qu'un Diogène peut penser de la jalousie. Et les enfants dans tout ça ? Là encore, l'égalité doit prévaloir, on s'occupera des enfants *en général*, sans se soucier de savoir qui sont les géniteurs, puisque c'est l'essence de l'homme générique qu'on doit viser derrière chaque homme particulier.

Bref, tout ce qui nous fascine dans l'amour, du choix d'une personne déterminée au narcissisme de l'enfantement, est ici, purement et simplement, évacué. Au sens propre. Urinant à l'occasion en public, autant par souci de coller au plus près de la nature que pour choquer le bourgeois, Diogène se serait livré à la masturbation à ciel ouvert. Il aurait alors eu cette phrase mémorable : « *Plût au ciel qu'il suffît de se frotter le ventre pour ne plus avoir faim.* »

Cette attitude intellectuelle et morale préfigure ce que seront, des siècles plus tard, des « systèmes » aussi différents que le nihilisme de Nietzsche, les convulsions de la *beat generation* et autres *make love, not war*. Il faudrait aussi évoquer Montaigne ou Rousseau, mais cela nous entraînerait trop loin.

Bien sûr, nous n'envisageons pas – et d'ailleurs nous ne pourrions pas – vivre comme Diogène, authentique ascète de la pensée. Notre obsession du confort et de la sécurité, caractéristique des sociétés vieillissantes, nous l'interdit. Notre irrépressible besoin de pouvoir dire *mon* copain, *ma* copine, *ma* meuf, *mon* keum, *mon* mari, *ma* femme, *mon* époux, *mon* épouse, nous exclut du modèle communautaire version Diogène. Mais au moins, ayons parfois le réflexe, Madame, Monsieur, d'avaler un comprimé de cynisme (en son sens premier que vous connaissez maintenant) pour bousculer nos certitudes et nous obliger à penser davantage. Dans les affaires de cœur, comme dans le reste. Nous avons beaucoup à tirer des enseignements de notre philosophe-onaniste assumé. Allez, puisque nous évoquons Diogène, je me permets le seul jeu de mots ouvertement scabreux de ce livre. Contrairement à celles de Dieu, les voies de la philosophie cynique sont éminemment pénétrantes et *pénétrables*.

Quatre idées en forme de conseils

✓ À sa manière, Diogène synthétise une des attitudes possibles de la philosophie envers les choses de l'amour : une désacralisation absolue de la sexualité ramenée à une fonction corporelle, un arrachement à la fascination pour la passion, l'exercice de la vertu comme norme éthique absolue. Méditer sur cet enseignement favorise une certaine prise de recul.

✓ Avec une rudesse peu commune, l'école cynique nous enjoint d'oser tenter l'aventure de la vie vertueuse et de tenir tout le reste pour secondaire, à commencer par l'attachement au plaisir. Peu de candidats seront tentés par une telle « aventure » mais, là encore, tout ce qui peut permettre de s'affranchir de la tyrannie des passions, même un instant, est bon à prendre.

✓ Aujourd'hui encore, la leçon de Diogène nous pousse à réfléchir sur le statut de la sexualité (ou plutôt de l'hypersexualité) dans nos sociétés émancipées et sur le sens de nos pratiques personnelles.

✓ Un Occidental a toujours intérêt à (re)découvrir les nombreux courants de la pensée grecque, dont le cynisme. Livrez-vous (sérieusement) à ce travail et vous comprendrez.

Éclairage complémentaire

1. Alain Graf, *Les Grands Courants de la philosophie ancienne*, Le Seuil, 1996.

Chapitre 4

Leibniz : le *speed dating* est né en... 1696

Vite fait, bien fait

Le *speed dating* (en français « rencontres rapides ») est aujourd'hui très répandu dans nos sociétés. Au point d'être connu de ceux qui ne le pratiquent pas. Le principe général : après avoir été sélectionnés, ou plutôt « castés », expression davantage *in the move*, les heureux candidats sont ensuite convoqués par les organisateurs. Le plus souvent dans les salons privés de quelque grand hôtel. Une fois réunis, ils se livrent à un étrange ballet. Après avoir pris place autour d'une table, les participants ont une dizaine de minutes pour se présenter et échanger brièvement. À chaque retentissement d'un signal sonore (cloche ou autre), il faut impérativement se lever, changer de table et repartir pour une nouvelle discussion en mode accéléré, cela va de soi. Les organisateurs prévoient différentes procédures au cas où deux candidats voudraient poursuivre les débats, voire entamer les ébats. Selon les structures, les critères de sélection vont des niveaux de revenus aux centres d'intérêt, en passant par les obédiences confessionnelles. Du reste, l'ancêtre du *speed dating* serait un... rabbin. Le dénommé Yaacov Deyo, à la fin des années quatre-vingt-dix, avait imaginé un système destiné à faciliter les mariages

39

intracommunautaires. Depuis, l'idée a fait son chemin, avec des adaptations. Dans le monde réel comme sur Internet, fleurissent, par exemple, les sites de mariages chrétiens, juifs, musulmans…

La méthode du *speed dating* a également été appliquée à la recherche d'emploi. Pour un job ou une *love story*, vous avez dix minutes pour fusiller vos compétiteurs et convaincre votre futur employeur de vos talents. Prière de laisser votre CV sur le coin de la table en partant car on vous écrira peut-être… ou pas. Au fait, avez-vous pensé à indiquer si vous recherchez un CDI, un CDD ? Une mission d'intérim pourrait-elle suffire, au moins dans un premier temps ?

Moralement justifié ou non, l'objectif du « système *speed dating* » saute aux yeux : aller à l'essentiel en posant en amont d'une rencontre potentielle un véritable tamis de paramètres afin d'éviter, en aval, erreurs, malentendus, déconvenues et pertes de temps. Bref, l'apogée de la culture du risque zéro associée au culte de l'optimisation : investissement minimal, rendement maximal. Prétendre appliquer la froide réflexion et ses systèmes de probabilités aux choses de l'amour en vue de fonder des unions heureuses, n'a rien de nouveau.

Tout y passe : définition de portraits psychologiques compatibles, astrologie, numérologie, alumni (cf. réseaux d'anciens d'une école ou d'une organisation).

Seulement voilà : les amants magnifiques qui, au terme de mille tribulations, triomphent des infâmes plans de mariages de « raison » destinés à bâtir alliances politiques et patrimoines considérables, constituent un morceau de bravoure de la littérature occidentale. Qu'on songe à Shakespeare ou Molière. Le message subliminal de ces œuvres de l'esprit fait s'émouvoir, le temps d'une représentation, les cœurs les plus endurcis, jusqu'aux forcenés du *speed dating* : nul ne peut contraindre l'amour, cet *enfant de Bohême* qui, mordicus, vit de sentiment, d'eau fraîche et d'imprévu. Souvent, *il unit dans son lit* les couples les plus improbables.

Les odieux calculs d'un côté et la pureté des émois de l'autre ? L'affaire paraît donc entendue. Et puis, n'est-il pas plus « moral » de revendiquer la spontanéité de l'élan intime ?

Sauf que, vouloir peser les raisons nous incitant à jeter notre dévolu sur telle ou telle personne n'est pas, *ipso facto*, la marque d'un esprit calculateur ou poltron. Un être humain peut vouloir penser l'amour avant que de le vivre (c'était une des convictions de Descartes). Ou, au moins, recenser ce qu'il veut et ce qu'il ne veut pas. Objectif : se focaliser sur la personne souhaitant regarder dans la même direction, selon l'expression consacrée. Car, *dixit* le poncif, mieux vaut être seul que mal accompagné, n'est-ce pas ?

Mais le *out of control* semble être la loi d'airain de l'amour : la littérature nous rabâche que ce n'est pas nous qui choisissons d'aimer, mais que c'est au contraire l'amour qui s'impose à nous, sans consultation préalable ! En synthèse, s'*il y a des jours où Cupidon s'en fout*, à d'autres moments, il décoche des traits fatals. Pas d'autre choix, alors, que de déposer boucliers et glaives. La chair est faible… Et le cœur plus encore.

La troisième voie

Mais en y réfléchissant, rien n'interdit d'envisager une troisième voie entre deux excès : le premier, prétendre plonger dans le grand bain de l'amour avec canot de sauvetage, rations de survie et attestations d'assurance ; le second, larguer les amarres et se soucier comme d'une guigne des lendemains qui chantent ou déchantent. Cigale de l'amour je suis, cigale de l'amour je reste.

Une troisième voie, donc. Celle du juste milieu, de l'équilibre, du refus de l'alternative stérilisante du tout ou rien. Une voie qui intègre au lieu d'exclure, refuse de jouer la pensée contre l'émotion et désire au contraire vivre les deux en pleine conscience. Allez, cédons pour un instant, mais un instant seulement, à un brin de lyrisme : une voie qui refuse de jeter le beau bébé rieur de l'amour avec l'eau des espoirs déçus et des rêves enfuis, qui veut casser en deux le couple dialogique, je t'aime puis je te hais, pire, *je t'aime, je te tue* (symboliquement ou avec un revolver), une voie qui revendique un amour constamment éclairé par la raison, où la solidarité (j'y reviendrai) prend le pas sur les injustices du désir débridé. Admettons, dira le lecteur, pas trop convaincu *in petto*. Mais cette solution miracle, qui ne dénigre pas la passion sans l'exalter pour autant, qui prône sans complexe les vertus d'une sexualité « encadrée » sans y voir néanmoins le sésame d'un monde nouveau, en un mot, une approche qui, en toute hypothèse, place la perspective des cœurs à corps goulus sous l'égide des concepts, est-elle viable et simplement souhaitable ? Et d'ailleurs a-t-elle réellement été incarnée par les penseurs ?

À cette double question, on peut, en toute rigueur, répondre par un oui franc et massif. Des noms ?

Spinoza. Je lui consacre le prochain chapitre, et c'est en son austère meublé que les sympathiques chirurgiens de l'introduction ont décidé d'envoyer notre Vénus en pleurs et en béquilles.

Kant. Avec ses manies de célibataire endurci, il pourrait prétendre au titre de tuteur intellectuel et moral du genre humain. Et ce, malgré ses quelques traits de misogynie ridicule. Ainsi, à une admiratrice un peu trop zélée, il fit, disent ses biographes, cette lamentable sortie : « *Je n'explique pas ma philosophie à une femme, c'est comme ça.* » Manifestation de mauvaise humeur à mettre sur le compte d'un estomac barbouillé ou d'un foie capricieux ? Peut-être. Et pourtant, cet homme hors du commun propose une vision féministe avant l'heure, dresse des constats saisissants sur le mariage, place le respect de principes moraux au cœur des relations humaines… Mais je veux en rester à l'essentiel. Jusqu'à présent (restons prudents) les biographes ne recensent aucun épisode douteux dans la vie de l'auteur des trois *Critiques*. Le théoricien de l'impératif catégorique a su se hisser à la hauteur de son discours.

Et bien avant ces chevaliers du concept, on dénombre une kyrielle de représentants de la philosophie antique qui ont fait honneur à la philosophie (Zénon de Cittium, Chrysippe, Diogène, Socrate, Épictète, Marc Aurèle, Plotin…), spécialement en matière de gestion équilibrée de la passion et du sentiment. Bon, c'est vrai, certains avaient un caractère franchement imbuvable mais, dans l'ensemble, tous étaient droits comme une barre ! Ainsi, ils ne critiquaient pas les dérives de la passion sur les estrades pour mieux s'y abandonner en coulisse. Leur attitude était faite de cohérence, de rigueur. D'ailleurs, leurs enseignements moraux conservent une portée opératoire pour l'homme contemporain[1]. Et puis, il faut compter avec notre *speed dater* avant l'heure.

Le chercheur inlassable

Allemagne. An de grâce 1696. Une chambre assez spacieuse, sobrement meublée, mais littéralement ensevelie sous un invraisemblable amoncellement de livres, d'écrits, de cartes, de plans, de maquettes de machines, de coquillages, d'éclats de roche... Un véritable catalogue à la Prévert. Assis à une table, près de la fenêtre, un homme est en train d'écrire. Il vient d'avoir cinquante ans. Crâne un peu dégarni, regard perçant, attitude légèrement voûtée mais épaules assez larges. Pas précisément un Apollon, mais pas repoussant non plus. Cela fait exactement trois jours qu'il ne s'est pas levé, sauf pour uriner. Quand la fatigue le prend, il se contente de caler un coussin entre son ventre et le rebord de la table et s'assoupit, perdu dans ses réflexions sur le calcul infinitésimal, et ses spéculations métaphysiques sur la nature de Dieu et la création du monde. Avec un peu de lait et un morceau de pain, il a assez soupé. L'homme n'a toutefois rien d'un ascète : son goût de la bonne chère le fait souffrir de la goutte. Sa puissance intellectuelle pulvérise les normes connues : au plus fort de son activité, il correspond avec l'élite spirituelle de son temps ; philosophes, savants, mathématiciens, théologiens. Près de 600 personnes, soit, pour la postérité, un corpus dépassant 200 000 pages. L'œuvre compte de nombreuses reformulations et répétitions, mais tout de même...

Pour nous faire une idée du personnage, laissons un philosophe contemporain, Michel Serres, évoquer le « cas Leibniz » à qui il a consacré une thèse[2]. Car notre homme, c'est Gottfried Wilhelm Leibniz : « *Leibniz m'a très tôt fasciné par l'équilibre subtil qu'il instaure entre ses découvertes scientifiques géniales et sa métaphysique. Sa pensée est systématique, mais à la différence de Descartes (avec sa méthode) ou de Hegel (avec son système), rien n'est clos ni figé chez lui [...]. Et surtout quel anticipateur ! Il est le père du calcul infinitésimal et le précurseur de la théorie des ensembles [...]. En physique il a l'intuition de la relativité. En biologie il est un des premiers à soutenir que l'embryon résulte de l'action conjuguée du spermatozoïde et de l'ovule. Même en politique il peut être considéré comme le père de l'Europe, lui l'Allemand qui écrit en français et propose aux souverains de son temps des projets transnationaux.* »

Or, que fait notre « *machine à réflexion* », selon l'expression de Diderot, lorsqu'il envisage de convoler ? S'il faut en croire le récit du secrétaire du philosophe qui nous a été restitué par Fontenelle, Leibniz a commencé par... prendre son temps. Arrivé à 50 ans, il se fixe sur une dame dont il estime qu'elle présente de bons critères de complémentarité. Sur le papier l'union est envisageable. Mais la femme convoitée veut « faire ses réflexions ». Logique : on imagine mal Leibniz jeter son dévolu sur une femme rétive à la pensée. Les complémentarités, n'est-ce pas ? Pour le dire autrement : Leibniz est plutôt sensible au dicton « *qui se ressemble, s'assemble* » qu'à la poésie des contraires qui se repoussent/fascinent mutuellement. Pas question de s'engager à la légère, donc, ni du côté de Monsieur ni du côté de Madame. Erreur fatale. Leibniz, imbattable à ce jeu, fait lui aussi « ses réflexions » et finalement passe outre son projet. Il comprend probablement que le mariage, ce n'est pas son truc et retourne à ses cogitations.

L'homme est-il une sorte de reptile de l'intellect qui traite l'amour par le mépris et tient pour rien les affections humaines ? *Que nenni.* Ce texte de Leibniz, dont je souligne pour le lecteur les éléments essentiels, le prouve : « *L'amour est cet acte ou état actif de l'âme qui nous fait trouver notre plaisir dans la félicité ou la satisfaction d'autrui. Cette définition est* *capable de résoudre l'énigme de l'amour désintéressé, et de le distinguer des liaisons d'intérêt ou de débauche [...]. <u>Lorsqu'on aime sincèrement une personne</u>, on n'y cherche pas son propre profit, ni un plaisir détaché de celui de la personne aimée, mais <u>on cherche son plaisir dans le contentement et la félicité de cette personne</u>. Et si cette félicité ne plaisait pas en elle-même, mais seulement à cause d'un avantage qui en résulte pour nous, ce ne serait plus un amour sincère et pur. <u>Il faut donc qu'on trouve immédiatement du plaisir dans cette félicité, et qu'on trouve de la douleur dans le malheur de la personne aimée</u>. Car tout ce qui fait plaisir immédiatement par lui-même, est aussi désiré pour lui-même, comme faisant (au moins en partie) le but de nos vies, et comme une chose qui entre dans notre propre félicité et nous donne de la satisfaction.* »

Il poursuit : « *Cela sert à concilier deux vérités qui paraissent incompatibles : car <u>nous faisons tout pour notre bien</u>, et il est impossible que nous ayons d'autres sentiments, <u>quoique nous en puissions dire</u>. Cependant nous n'aimons point encore tout à fait purement, quand nous ne cherchons pas le bien de l'objet aimé pour lui-même et parce qu'il nous plaît lui-même, mais à cause d'un avantage qui nous en provient. Mais <u>il est visible par la notion de l'amour que nous venons de donner, comment nous cherchons en même temps notre bien pour nous et le bien de l'objet aimé pour lui-même</u> ; lorsque le bien de cet objet est immédiatement, dernièrement et par lui-même notre but, notre plaisir et notre bien, comme il arrive à l'égard de toutes les choses qu'on souhaite parce qu'elles nous plaisent par elles-mêmes, elles sont par conséquent bonnes de soi, quand on n'aurait aucun égard aux conséquences ; ce sont des fins et non des moyens.*[3] »

Avec Gottfried c'est toujours ainsi : tout un système en quelques lignes, un incroyable concentré de concepts dans une seule phrase. Avis au lecteur : au début c'est très dur, quasiment insupportable pour les neurones ; après, on ne peut plus s'en passer. Petit exercice : relisez les tronçons soulignés comme s'ils formaient un paragraphe homogène. Le contenu mérite méditation. Reprenons pas à pas le message de cette longue citation et exprimons-le en termes actuels.

- L'amour est d'abord l'expérience d'un plaisir ressenti en soi (l'« âme ») et à son propre profit. Et cette part d'égoïsme n'a rien de blâmable.

- L'amour s'accompagne de compassion et d'empathie (se mettre réellement à la place d'autrui). Des notions très discutées aujourd'hui, comme en témoigne le travail mené actuellement par un Jeremy Rifkin sur le nécessaire passage, selon lui, à une *civilisation de l'empathie.* J'y reviendrai dans la conclusion de ce livre.

- L'amour désintéressé (j'aime par pur amour de l'être aimé sans rien attendre en retour) est une prérogative de l'amour divin (étudié par Leibniz dans plusieurs textes dont la *Théodicée*). Par conséquent, dans l'amour humain bien compris, je vise, *à la fois*, le bonheur d'autrui et le mien. Pour reprendre un concept pascalien, amour humain et amour divin appartiennent à des *ordres*, certes interconnectés, mais de nature différente.

- L'amour ainsi envisagé s'applique à toutes les configurations de relations humaines, par exemple les parents envers leurs enfants. L'idée de « compassion empathique », expression un peu tautologique mais parlante, en est le pivot central.

- L'expérience de l'amour doit – devrait – s'accompagner de la formulation de notions à son sujet. En clair, réfléchir sur ce que je vis de l'amour ne réduit en rien son authenticité.

Ceci pour l'amour vécu. Et pour en préparer la venue, rien ne s'oppose à un travail, mais oui, un travail, nourri de lectures, de réflexions sur ce que l'on souhaite ou non (profil du compagnon espéré et non du « candidat », complémentarité des tempéraments…).

L'amour planifié

Quitte à surprendre ou choquer, je suis persuadé que si Leibniz revenait aujourd'hui et qu'il veuille prendre femme, il en dresserait d'abord le portrait-robot. Puis il étudierait, afin de les exploiter, les ressources disponibles, de l'Internet au *speed dating*, sans oublier pour autant l'éventualité d'événements fortuits. Enfin, façon de parler, pour un homme qui ne croyait pas au hasard en vertu du principe de raison suffisante. Simplement, à aucun moment il ne confondrait les moyens et les fins. Allons plus loin ! Pour Gottfried, le fait d'avoir rencontré sa belle au détour d'une bouche de métro sous une pluie battante, ou sur un site fréquenté par des millions d'internautes n'aurait absolument aucune signification. La réflexion sur l'amour, sur l'altérité (le rapport à l'autre) et la planification des actions ne détruisent en rien la poésie de la rencontre. En dernière analyse, ce qui compte à un suprême degré, c'est qu'une union naisse.

Dès lors, l'ultime espoir de tout candidat aux étreintes amoureuses réside-t-il dans le fait de se présenter en tenue d'Adam (pas de changement sur ce point), mais la main armée d'un exemplaire de la *Monadologie*[4] et accessoirement d'un comprimé de Viagra pour les messieurs aux turgescences capricieuses ? Eh bien… oui !

Quatre idées en forme de conseils

✓ Madame, Monsieur, en votre for intérieur, vous refusez de foncer tête baissée dans un engagement et vous souhaitez plutôt prendre le temps de réfléchir sur votre rapport à l'amour. En particulier, vous vous interrogez sur ce que vous voulez donner ET recevoir, mais vous redoutez de passer pour une personne calculatrice. Songez que la spontanéité n'est pas une vertu en soi et que la stratégie n'instrumentalise pas automatiquement autrui. N'opposez pas les approches, combinez-les. Leibniz a construit son système en philosophant à partir de *combinatoires* d'intuitions, de concepts et d'expérimentations.

✓ Vous pensez qu'un ciblage *via* des sites est efficace dans votre prospection. Parfait ! À condition de ne pas oublier que le « contact » peut venir par les voies les plus improbables.

✓ Vous désirez vivre un amour qui soit payé de retour. Excellent ! Mais acceptez d'abord de respecter cette règle du jeu fort simple : il faudra donner à autrui ce que vous attendez pour vous-même.

✓ Sans trop savoir pourquoi, vous êtes sensible à l'étrange idée consistant à « aimer pour la joie d'aimer », « à aimer par pur amour de l'amour », « à aimer du seul amour qui vaille, l'amour désintéressé ». Vous souhaitez en savoir davantage à ce sujet ? Passez directement au chapitre 11. Il n'attend que vous ! Quant aux autres, poursuivez votre lecture.

Éclairages complémentaires

1. Pour plus d'explications, je renvoie le lecteur à mon livre, *S'exercer au bonheur, la voie des stoïciens*, Eyrolles, 2008.
2. Michel Serres, *Le Système de Leibniz et ses modèles mathématiques*, PUF, 1968.
3. Gottfried Wilhelm Leibniz, S*entiment de M. Leibniz sur le livre de M. de Cambrai et sur l'amour de Dieu désintéressé*, Éditions Gerhardt, t. 2, pp. 576-580.
4. Rédigée en français en 1714, la *Monadologie* est le texte le plus connu de Leibniz. Les thèses majeures de sa pensée y sont synthétisées en une trentaine de pages. Auteur prolifique, Leibniz avait néanmoins la capacité de produire des opuscules d'une densité philosophique hors normes. Faites-vous le cadeau de lire ce texte bref, aux perspectives inépuisables. Prendre le temps de lire ce texte court avec concentration constitue une authentique expérience philosophique et spirituelle. La même remarque vaut pour certains textes de Platon, de Plotin, ou de Spinoza.

Chapitre 5

Spinoza : la vertu
à la hollandaise

Le champion toutes catégories
de l'indépendance philosophique

Dans *Histoire de la philosophie occidentale* (1953), Bertrand Russell écrit ceci : « *Spinoza est le plus noble et le plus digne d'amour de tous les grands philosophes. Si quelqu'un l'a dépassé du point de vue intellectuel, il est bien, du point de vue moral, supérieur à tout le monde.* » Un éloge d'autant plus précieux que Russell – comme nous le verrons dans un prochain chapitre – n'était pas homme à tresser des couronnes de laurier, mais plutôt un authentique iconoclaste. Toutefois, lorsqu'il s'agit de Spinoza, Russell emploie le langage de l'affection. Chose suffisamment rare pour être relevée, les philosophes étant souvent des adeptes de l'amour... vache. Poursuivons avec le grand Hegel, pas loin de se considérer comme le philosophe ultime et seul capable de délivrer à l'humanité ébahie les secrets de la réalité, au travers de son système du Savoir absolu. Or, que nous dit l'auteur de la *Logique* : « *Spinoza est un point crucial dans la philosophie moderne. L'alternative est : Spinoza ou pas de philosophie.* » Continuons avec le jugement définitif d'Henri Bergson : « *Tout philosophe a deux philosophies, la sienne et celle de*

Spinoza. » Mais ce n'est pas tout ! Plus près de nous, Gilles Deleuze voyait en Spinoza le « *Prince des philosophes* ». Et on pourrait continuer dans la même veine avec un Karl Jaspers, un Martial Guéroult ou un Robert Misrahi. En un mot comme en cent : qu'ils le soutiennent ou le combattent, les penseurs reconnaissent à Spinoza son exceptionnelle hauteur de vue, son indépendance de jugement et son pouvoir d'assumer des positions intransigeantes, sans jamais sombrer dans la vitupération, l'arrogance, l'amertume, le dépit, ou le découragement. Un sage, en somme.

Quelle est donc cette personnalité qui fait poser genou à terre à plusieurs penseurs, eux-mêmes grands philosophes ? Un pur esprit ? Un monstre froid de la raison au regard tranchant comme un laser ? Un ascète impavide du concept, planant au-dessus des mesquineries de ce bas monde ?

Quelques éléments factuels pour commencer : issu d'une famille juive marrane, Baruch Spinoza, ou Benedictus de Spinoza, est né le 24 novembre 1632 à Amsterdam et mort le 21 février 1677 à La Haye, d'une maladie pulmonaire. Pas précisément taillé dans le bois dont on fait un centenaire. Il découvre et interprète la philosophie de Descartes puis s'en éloigne assez rapidement, spécialement dans sa partie métaphysique, et bâtit une construction intellectuelle originale. Pendant des siècles elle va alimenter un torrent de thèses : Spinoza est-il panthéiste ? Ou « seulement » moniste ? Sa conception très spécifique de Dieu confine-t-elle à l'athéisme ou non ? Spinoza doit-il être considéré, et à quelles conditions, comme le dernier grand représentant du stoïcisme ? Pas question d'ouvrir ici cet épais – et captivant – dossier. Juste une remarque : tout ce que Spinoza pense, dit et écrit de l'homme, des passions, du corps, de l'affectivité ou de l'amour, provient directement de sa vision bien particulière de Dieu, défini comme substance *causa sui*, c'est-à-dire cause de soi.

Mal-aimé, je suis un mal-aimé

Là aussi, sans entrer dans le détail, un événement clé aura une incidence énorme sur son destin : son excommunication par la communauté juive d'Amsterdam en 1656, à laquelle il appartenait. Un acte spectaculaire et grave. Purement et simplement interdit de synagogue en raison des thèses qu'il soutient, notamment sur la nature de Dieu, il subit un véritable bannissement dont une des conséquences fut sa rupture de tout lien familial. Totalement isolé, notre philosophe dut se reconstruire et faire preuve de résilience, pour employer un terme contemporain. De cette épreuve il tira une force intérieure considérable. Et sans donner dans la psychanalyse de bazar, nul doute que sa vision de l'affectivité humaine, thème central de la pensée spinoziste, a été forgée par cette expérience personnelle très spéciale. Malgré cela, s'il faut en croire Pierre Bayle, en son *Dictionnaire historique et critique*, notre philosophe était d'un commerce agréable : « *Ceux qui ont eu quelques habitudes avec Spinoza, et les paysans du village où il vécut en retraite pendant quelque temps, s'accordent à dire que c'était un homme d'un bon commerce, affable, honnête, officieux, et fort réglé dans ses mœurs.* »

On m'appelle Modeste

De fait, le quotidien de Spinoza était marqué par un goût prononcé pour la frugalité : il occupe de modestes meublés et exerce le métier de polisseur de verres. Mais ce fils d'un professionnel de l'import-export n'a pas la bosse des affaires.

Contrairement à une légende tenace, il vit chichement de son art. Des amis l'aident financièrement, pratiquement à son corps défendant. Dans l'étude qu'il lui a consacrée[1], Karl Jaspers rapporte cet épisode savoureux qui en dit long sur le rapport de Spinoza à l'argent : « *On lui fit souvent des offres d'argent. Il refusa maintes fois. De Simon de Vries, il les accepta. Cependant il refusa d'être institué son légataire, vu que selon le droit et la nature, la fortune revenait au frère de Simon de Vries. Lorsque ce frère, après la mort de Simon, voulut lui allouer 500 florins par an, Spinoza rabattit le montant à 300 […]. Le train de vie de Spinoza était d'une sobriété peu commune.* » Notre homme, pas rigide pour un sou (sans jeu de mots) ne condamne pas *a priori* l'intérêt pour les biens de ce monde. Ainsi, dans son *Traité de la réforme de l'entendement*, il note : « *Le gain d'argent, le plaisir et la gloire ne sont nuisibles que pour autant qu'on les recherche pour eux-mêmes et non comme des moyens en vue d'une autre fin. Au contraire, si on les recherche comme des moyens, ils ne dépasseront pas une certaine mesure, et loin de nuire, contribueront beaucoup à l'atteinte de la fin qu'on se propose.* » Tout Baruch est là : de la pondération, du bon sens, de la sagesse, encore et toujours de la sagesse. C'est horripilant à la fin !

Frugalité, sagesse, désintéressement, mais aussi modestie et prudence. Ainsi, par souci de préserver son indépendance d'esprit, Spinoza déclina un poste de professeur de philosophie à l'université d'Heidelberg en 1673. Il motive ainsi son refus : « *Ce qui m'arrête, ce n'est pas du tout l'espoir d'une fortune plus haute, mais l'amour de ma tranquillité que je dois préserver, en quelque manière en m'abstenant de leçons publiques.* » On lui avait pourtant offert des garanties quant à sa liberté d'enseignement mais notre homme n'y croyait guère. D'ailleurs, il cachetait son courrier avec un sceau portant la mention *caute*, c'est-à-dire « prudemment ». De ce point de vue, le parallèle entre Descartes et Spinoza s'impose : tous deux ne jurent que par l'adage « *pour vivre heureux, vivons cachés* ».

Cerise sur le gâteau à notre profit exclusif : Spinoza étant mort depuis des siècles, il ne peut plus nous... décevoir. À moins, bien sûr, qu'un paparazzi-philosophe particulièrement vicieux ne découvre un jour des documents délicieusement compromettants pour notre polisseur de verres. L'hypothèse est peu probable. Nul doute que dans cette éventualité, les disciples du Sage hollandais en feraient une jaunisse mais ses ennemis – nombreux – exulteraient avec des sourires entendus et des rictus gourmands. La chute d'un grand est toujours un plaisir de choix.

Je désire donc je suis

Il existe un sérieux malentendu sur Spinoza, penseur de l'affectivité, lorsqu'il théorise le désir. Contrairement à Platon qui le définit comme un manque et, plus encore, comme une faiblesse morale, pour Spinoza « *le désir est l'essence même de l'homme, en tant qu'on la conçoit comme déterminée, par la suite d'une quelconque affection d'elle-même, à faire quelque chose* » (*Éthique III*). Autrement dit, le désir est une puissance, d'où le célèbre concept de *conatus* (du latin *conari*, « entreprendre », soit *conatus*, « effort ») qui désigne l'acte par lequel chaque chose s'efforce « de persévérer dans son être ». Aux antipodes du dualisme occidental entre l'âme et le corps, Spinoza croit en l'existence d'une entité homogène où l'homme de chair et d'esprit se projette constamment dans une dynamique d'auto-accomplissement. Dominer le désir est donc non seulement impossible, mais représente une négation de notre essence. L'affirmation du *conatus* est une joie, c'est-à-dire le passage d'une moindre perfection à une plus grande perfection. Une objection vient immédiatement à l'esprit : *quid* du *conatus* de l'assassin ? Là, notre philosophe adopte une position en deux parties :

- d'une part, il soutient qu'aucun précepte moral émis par la raison n'a pu venir à bout des caprices du tempérament humain, ce qui semble discréditer toute entreprise de réforme éthique : dans le fond, la vie est un pur déterminisme que le sage se contente de contempler avec un détachement serein ;

- d'autre part, dans le droit fil de la tradition rationaliste, il considère que l'expérience du *conatus* prend tout son sens si elle s'accompagne d'une connaissance adéquate. Par connaissance adéquate il faut entendre la compréhension des lois de la nature, de l'affectivité, le nec plus ultra de la vie philosophique étant de parvenir à l'*amour intellectuel de Dieu*. Un concept qui a donné des migraines à des générations de thésards. Notons simplement que pour Spinoza, la connaissance des êtres et des choses par la raison conduit à une joie intellectuelle capable d'orienter nos désirs vers la connaissance désintéressée, le plaisir de maîtriser les passions violentes en jouissant pleinement des joies simples.

Conséquence : notre assassin est, certes, déterminé par sa nature à aimer jouer du couteau, mais son éventuelle entrée dans le monde de la connaissance donnerait une orientation bien différente à son *conatus*, au point de modifier profondément son tempérament.

On comprend dès lors que l'amour, loin d'être à bannir, devra lui aussi s'intégrer dans la symphonie de la connaissance. On connaît la définition qu'en donne l'*Éthique*, en sa troisième partie : « *L'amour est une joie accompagnée de l'idée d'une cause extérieure.* » Et, en bonne logique : « *La haine est une tristesse accompagnée de l'idée d'une cause extérieure.* » La joie, tout est là finalement. Car selon Spinoza, la pratique du royaume de la joie élime les griffes de la passion, comme l'apparition du soleil suffit à faire fuir les nuages. Traduction : je tombe amoureux de Sophie, une nouvelle stagiaire que je vois chaque jour au bureau, j'en conçois, certes, un désir charnel considérable, mais je ressens également la joie d'aimer. Eh bien, c'est sur cette joie d'aimer que je dois me concentrer. Vous ne comprenez pas ? C'est pourtant simple : en creux, le discours de Spinoza enseigne que l'essentiel est moins la personne aimée que la joie éprouvée en soi. La joie renforce le *conatus* (l'amour donne des ailes même aux moins enthousiastes) et surtout elle prépare à l'expérience de l'amour avec un grand A. Il s'agit de Dieu bien sûr. En voici l'équation : « *L'amour (intellectuel de Dieu) est une joie accompagnée de l'idée (de Dieu) comme cause extérieure.* » Plusieurs commentateurs ont montré l'intérêt et les limites d'une approche qui, en résumé, n'est rien d'autre qu'une ascèse intellectuelle et spirituelle particulièrement exigeante. Sauf pour Spinoza, cela va de soi. Au fait, comment faisait-il, l'intéressé ? Eh bien, il vivait d'idées et d'eau fraîche. Ses biographes ont juste déniché un amour de jeunesse particulièrement nunuche. Notre philosophe-benêt ayant du mal à dépasser le stade des joues roses et des mains moites. En clair, le nigaud a tant tardé à déclarer sa flamme, qu'un prétendant lui a soufflé la belle. Le *conatus* « masculinoïde » de Spinoza s'est-il réveillé ? Pas le moins du monde. Notre philosophe aux jolis cheveux bouclés et, paraît-il, aux traits assez réguliers, s'est contenté de déclarer que c'était sans doute mieux ainsi. Il y a probablement vu un signal de retour à ses chères études. Car, selon les sources disponibles, il n'a pas récidivé. On ne lui connaît ni liaison ni maîtresse. Le parallèle avec Leibniz saute aux yeux. Les deux hommes se sont d'ailleurs connus et pas vraiment appréciés, semble-t-il. Mais c'est une autre affaire.

Revenons un instant à Sophie, la stagiaire en jupe moulante. Si j'observe la morale spinoziste à la lettre (j'ai d'ailleurs mis le visage du Maître en fond d'écran de mon ordinateur !), je dois écarter de mon esprit les images érotiques ou *fleur bleue* qui m'assaillent chaque fois que la jeune femme se rend à la photocopieuse, pour me concentrer sur la seule joie d'aimer un autre être humain et d'enflammer mon *conatus* avec des phrases du genre : « Grâce à la présence de Sophie, j'expérimente la joie d'aimer et c'est l'essentiel, qu'elle veuille de moi ou pas reste secondaire. » En effet, si la stagiaire m'éconduit, je ne dois en concevoir nulle amertume. Si elle répond à mes avances, je peux prendre ma part des plaisirs de ce monde, sans rien oublier – entre deux séances torrides – d'une joie qui, par essence, constitue une expérience spirituelle[2].

Cher lecteur, vous comprenez maintenant pourquoi nos chirurgiens rencontrés au début de ce livre ne prenaient aucun risque en envoyant directement la belle Vénus chez notre célibataire inoxydable dont les « vices » se limitaient à fumer la pipe, boire un peu de bière, parfois du vin, sans jamais aller jusqu'à l'ivresse, faut-il le préciser. À hurler de rire, quand on songe aux Jaguar rutilantes intérieur cuir de nos philosophes cathodiques.

D'abord complètement affolée par tant de grandeur, notre Vénus n'est plus très sûre de vouloir quitter le charme discret des petits meublés hollandais. Confidence : elle pourrait même se mettre à employer le jargon du Maître : substance, attribut, mode, genre, accident.

La philosophie a toujours eu – et aura toujours – ses héros de la raison.

Quatre idées en forme de conseils

✓ Si nous sommes désir, alors faisons en sorte de désirer des choses de nature à nous rendre réellement heureux. J'aime une femme, très bien, mais elle peut me quitter ou mourir. En revanche, si j'aime le fait d'aimer, alors je mise gagnant à tous les coups. Elle me quitte (je conserve le souvenir d'un moment d'amour) ou m'est arrachée par la mort (pour moi elle reste vivante dans le souvenir de l'amour qui nous a unis). Enseignement : en aimant un être particulier, je dois comprendre qu'au fond, c'est la vie elle-même que j'aime, à travers cet être de chair et de sang.

✓ Savoir ce qui va réellement nous rendre heureux passe par la connaissance du fonctionnement de l'affectivité humaine. Pourquoi ? Parce que cette connaissance va progressivement orienter mon désir vers ce qui est effectivement désirable : exercer sa liberté intérieure, savourer une existence simple et paisible, éclairée par la joie de penser et de se penser soi-même.

✓ Les injonctions moralisantes sont de peu d'effet pour endiguer le flux tumultueux des passions. J'ai donc intérêt à opter pour une stratégie de contournement : celle qui pose la compréhension de l'amour comme l'antichambre d'une joie durable que nul chagrin (d'amour) ne pourra me retirer.

✓ Faire preuve de patience : Spinoza était le premier à reconnaître que le chemin qu'il propose est difficile. Donc : faire preuve d'indulgence envers soi-même. « *Le Sublime est aussi difficile que rare.* » Ce propos ferme l'*Éthique*.

Éclairages complémentaires

1. Karl Jaspers, *Les Grands Philosophes*, 10/18, 1972.
2. Le site Internet *www.spinozaetnous.org*, d'une grande richesse, comporte différents textes à la fois bien documentés et audacieux. Ainsi, certaines contributions proposent des rapprochements entre le système spinoziste et la métaphysique (moniste) pratiquée par plusieurs sages de l'Inde. Manifestement, plusieurs personnes voient en Spinoza un « Maître de joie » et dans l'*Éthique*, les bases moins d'une philosophie que d'un enseignement. Bref, les lecteurs se font disciples. Le « Maître » aurait-il apprécié cette attitude ? Pas sûr.

Chapitre 6

Sartre/Beauvoir : passions plurielles made in France

En voiture Simone !

Autant le dire tout de suite, ce chapitre représente pour moi une sorte de pensum. Deux raisons à cela :

1. À chaque fois qu'on évoque la question des philosophes et de l'amour, on nous refait le coup du couple Jean-Paul Sartre et Simone de Beauvoir. Le retentissement littéraire et médiatique des deux penseurs français emblématiques de toute une époque les rend incontournables, comme on dit.

2. Je ne partage à peu près rien des postulats philosophiques de l'existentialisme, dans sa dimension de courant de pensée. Même si j'en admets évidemment l'immense fécondité intellectuelle, dont l'épicentre vient des œuvres de deux très grands penseurs complètement différents : Søren Kierkegaard et Edmund Husserl. Seulement voilà : imbibé de stoïcisme au dernier degré, passablement imprégné de spinozisme (un comble pour un dualiste, mais chacun de nous a ses petites contradictions, n'est-ce pas !) et gavé de leibnizianisme jusqu'à la nausée, je crois dur comme fer à l'existence d'un univers strictement déterminé de toute éternité et, pour moi, le libre

arbitre n'est qu'une erreur de point de vue, une sorte d'illusion née d'un défaut de perspective. « *Les hommes se croient libres uniquement parce qu'ils ignorent les causes qui les font agir* », nous dit en substance Spinoza. Pas précisément un point de vue sartrien pour qui « *l'existence précède l'essence* ». Je n'insiste pas.

Reste que le monument Sartre/Beauvoir constitue une sorte de passage obligé du voyage organisé au pays de la philosophie de l'amour. D'abord parce que la qualité intellectuelle de ces bêtes à concours, je le répète, est absolument incontestable, ensuite parce que leur conception des unions à géométrie variable colle étrangement à l'air du temps, fait d'expériences sexuelles multiples, de jeunesse à rallonge, d'engagements sans cesse différés ou remis en cause, de configurations amoureuses protéiformes dont un Éric Rohmer, par exemple, a tiré une copieuse filmographie. Les familles recomposées en moins, car ni Jean-Paul ni Simone n'ont jugé bon de fonder un foyer au sens traditionnel du terme.

D'une manière générale, depuis plus d'un demi-siècle, nul Français, tant soit peu curieux des choses de l'esprit, n'est censé ignorer le pacte scellé entre les deux amants du *Flore*. L'« amour nécessaire » sera réservé à Jean-Paul et Simone, alias le Castor et les « amours contingentes » à… tous les autres. L'aristocratie des sentiments et la plèbe des ébats charnels, en somme. En « philo » est contingent ce qui, justement, n'est pas nécessaire. Bref, une chose qui est, mais qui pourrait tout aussi bien ne pas être puisqu'aucune nécessité ne l'impose dans l'ordre de la réalité. Application de ce principe issu de la rocailleuse scolastique aux choses du désir : Jean-Paul et Simone concentrent leurs forces sur un amour évident, partagé, étanche, fait d'échanges intellectuels incessants et accessoirement de quelques étreintes (inévitablement appuyées au départ, puis assez vite abandonnées), mais parallèlement, ils s'accordent mutuellement la liberté de butiner ici et là, en fonction des opportunités et du hasard des rencontres.

Pour Sartre, l'homme au physique disgracieux (« *Cet homme est aussi laid qu'un humain peut l'être* », aurait dit de lui le cinéaste John Houston), sa triple notoriété de philosophe, d'écrivain et de dramaturge sera un formidable passeport pour l'entrecuisse des dames. Le tableau de chasse de l'ancien gamin complexé à l'œil torve n'aura rien à envier, ou peu s'en faut, à celui de tout jeune espoir du cinéma qui se respecte. Or, à l'instar de Napoléon, l'auteur de *L'Être et le Néant* n'est pas, de son propre aveu, un bon coup. Les exploits de machine à coudre, ce n'est pas son truc. Simone de Beauvoir, qui ne l'en aime pas moins pour autant, n'hésite pas à dire de lui : « *Sartre est chaleureux et vivant en tout, sauf au lit.* » Bref, pas sensuel pour un sou notre philosophe. Mais néanmoins avide de les voir toutes succomber. *Les Lettres au Castor et à quelques autres* se font l'écho des conquêtes de notre homme et accumulent, au fil des pages, les détails anatomiques. Cela va des « *boutons de l'étudiante mal nourrie et pas très soignée* » aux « *fesses en goutte d'eau, plus étalées en bas qu'en haut* ». Comme le premier banquier venu, Sartre, qui est tout de même, excusez du peu, l'un des principaux passeurs de la phénoménologie en France, se vautre dans la vanité masculine de la conquête et de la plus prosaïque manière. L'austère Husserl a dû se retourner dans sa tombe plus d'une fois d'être flanqué d'un tel disciple. Ses conquêtes, multiples et rapidement oubliées, baignent dans une série de commentaires philosophico-littéraires, un tantinet répétitifs. « *L'idéal de l'entreprise amoureuse est la liberté aliénée : chacun veut que la liberté de l'autre s'aliène* », « *Aimer est le projet de se faire aimer* », « *L'être qui désire, c'est la conscience se faisant corps* », « *Ma tentative originelle pour me saisir de la subjectivité libre de l'autre à travers son objectivité pour moi est le désir sexuel* ». Sans oublier, dans un genre un peu différent, « *Il y a des mariages qui sont des enterrements* ».

Au-delà de la plate évidence, la sentence a valeur d'avertissement envers qui serait tenté, à la faveur d'un émoi, d'aliéner sa sacro-sainte liberté existentielle. Ici, Sartre n'a guère innové car plusieurs décennies avant lui, Romain Rolland, instruit par l'expérience, avait consigné dans son roman-fleuve, *Jean-Christophe*, cet aphorisme amer : « *Un homme marié est un homme à moitié mort.* » Du pur Marcel Proust, comme nous le verrons.

La jalousie fait de la résistance

Toutes ces remarques nous disent au fond la même chose : aimer c'est, en dernière analyse, dominer. Raccourci excessif ? Pas sûr. L'homme le plus épris de rapports bien charnels cherche fondamentalement à « *pétrir avec ses mains et plier sous son poing, la liberté de l'autre* », nous dit encore Sartre. Car tel est bien, à mon sens, le message brutal résiduel, une fois retiré l'emballage intellectuel : posséder, exercer un pouvoir sur le corps, le désir, la liberté de l'autre, le réifier dans un « je te veux » massif et péremptoire. Et rien ne saurait limiter l'entreprise du désir en acte qui s'exerce dans une liberté toujours en construction. Pas d'entrave, pas d'obstacle, donc. De ce point de vue, et je le dis sans ironie aucune, entre le Sartre homme des livres et le Sartre homme des lits, la cohérence est totale. Malgré tout, les amours contingentes qui, dans leur principe, doivent glisser comme goutte de pluie sur carreau, achoppent sur un point de résistance : le surgissement de la passion et de son corollaire terrible ; l'expérience de la jalousie. Ce travers trop humain est au mieux ridicule, au pire abject, enseigne la doctrine de Saint-Germain-des-Prés. La liberté, affirmée théoriquement dans les textes philosophiques et littéraires, laisse libre cours aux contingences désirantes de l'existant, comprenez, l'être de chair et de sang. L'entreprise d'inféodation d'autrui, fût-ce pour un soir, joue à plein : une étudiante chasse une doctorante et ainsi de suite. Un appareillage conceptuel des plus conséquents vient cautionner, avec plus ou moins de bonne foi, une sorte de donjuanisme qui ne dit pas son nom, avec son lot d'aventures parfois douteuses. Ainsi, une cousine de Georges Perec, la jeune Bianca Lamblin, née Bienenfeld, a gardé quelque amertume de ses allers et retours entre Monsieur et Madame, laquelle ne dédaignait pas les *petits jeux*, comme on disait au Grand Siècle, avec élégance[1]. Sans pour autant perdre de vue *son* Sartre. Encore une fois : aucun jugement moral à porter, puisque nos deux forts en thème s'inscrivent explicitement en dehors du schéma de la morale bourgeoise traditionnelle et s'opposent aux impératifs catégoriques à la Kant. Leur droit le plus absolu, la philosophie n'étant pas une officine de l'ordre moral et, moins encore, les penseurs des vaches sacrées.

En résumé, il y a un singulier magistral (*un* amour nécessaire) entre Sartre et de Beauvoir d'un côté, et un énorme pluriel (*des* amours contingentes) de l'autre. La césure paraît insurmontable. Alors, où est-ce que ça coince ? Eh bien, nous l'avons dit ! La jalousie, ce vice d'ego des âmes basses, le mariage comme projet d'inféodation de l'autre, cette survivance absurde d'une morale d'un autre temps. Et ce, malgré le fait que nos tourtereaux, lucides sur l'inconstance (l'inconsistance ?) des inclinations, ont choisi d'anticiper à eux deux le fameux Gleeden, évoqué en début de livre. Sartre et de Beauvoir, *avec l'insolence de la jeunesse*, sont convaincus de réussir là où, par exemple, Nietzsche a échoué.

Le charme slave, piège fatal des libertaires

Le combat de Nietzsche contre les « dinosaures de la morale », la dénonciation des ravages de la « moraline » qui toujours refoule et condamne, entre deux hypocrisies coupables, le rejet des vitupérations religieuses face au déchaînement de l'instinct sexuel, tout cela est passé, à des degrés divers, dans le message Sartre/Beauvoir. Même si, on le sait aujourd'hui, le philosophe allemand a manifesté toutes les caractéristiques d'une jalousie très petite bourgeoise, dans l'étrange relation triangulaire qui s'est jouée entre lui, son ami Paul Rée et la jeune russe Lou Andreas-Salomé, un temps maîtresse de Rainer Maria Rilke et disciple de Maître Freud. Quand l'auteur de *Zarathoustra* rencontre Lou, il a 38 ans et elle, guère plus de 21 ans. Coup de foudre immédiat de Nietzsche. Curieusement, notre philosophe au cœur d'artichaut s'adresse à son ami et lui confie une étrange mission : faire sa demande en mariage auprès de Lou… à sa place. Or, Paul Rée a lui-même des vues sur la belle qui, de son côté, coupe court au projet matrimonial de Nietzsche. Dépit, jalousie, comique de situation, Feydeau et Courteline ne sont pas loin !

Tout comme Nietzsche, Jean-Paul Sartre, lui aussi, a connu le chemin de Damas de la jalousie et de la souffrance amoureuse toute bête. Jusqu'à envisager les noces. Au moins une fois, avec une interprète russe, Lena Zonina. Il propose le mariage à cette femme pour lui permettre de quitter l'Union soviétique et de passer ainsi à l'Ouest. De son côté, Simone de Beauvoir s'était entichée de l'écrivain américain Nelson Algren, avec qui elle vivra une passion profonde en se laissant aller au plaisir innocent de jouer à la midinette. Toutefois, comme on peut s'en douter, le fameux pacte n'est pas du goût de l'Américain qui veut épouser le Castor. Mais l'animal fétiche de Sartre se cabre. L'affaire tournera mal. Une thèse veut que le tandem amoureux Sartre/Beauvoir repose sur une sorte d'imposture, Simone ayant en son for intérieur mal supporté les passions plurielles de son philosophe de compagnon[2]. Face à l'inévitable, elle se serait résignée à entériner le pacte et aurait pris une posture pour l'histoire. Un peu à la manière des femmes délaissées par un mari volage cherchant à se convaincre que le cocufiage est le prix à payer pour un mariage durable.

Petite philosophie de l'échangisme pour finir

Le point d'aboutissement de ce chapitre semble évident, presque banal : on peut théoriser l'amour en liberté avec brio et trébucher malgré tout sur la jalousie. De ce point de vue, l'agrégé de philosophie et le titulaire d'un CAP de boulangerie-pâtisserie sont logés à la même enseigne. La passion amoureuse et la jalousie forment-elles un couple infernal ? Ce *substratum* psychologico-affectif est-il irrémédiablement transcendant au concept, aux pratiques d'une société, à sa culture et à sa morale ? La question vaut d'être examinée. Car enfin, sous une forme ou une autre, à des degrés divers, pas moyen de penser et de vivre l'amour, sans que surgisse le paradigme du jaloux. Autant le savoir donc, pour mieux se préparer à la confrontation. Le cas échéant, l'interrogation peut également être éclairée à la faveur des mœurs du temps.

Prenons l'exemple de l'échangisme. Une pratique d'autant plus en vogue que les sites Internet libertins pullulent. Le principe : multiplier les occasions de vivre le plaisir sexuel, partagé avec le conjoint et des tiers, sans hypocrisie, ni mensonge. De la jouissance assumée à trois, quatre, dix. Plus on est de fous… Dit de manière amusante : l'adaptation du modèle Sartre/Beauvoir en mode distribué, à l'ère numérique. Rien de scabreux ici. Simplement la prise en compte d'une pratique existante, de sa propagation et donc de son irruption dans les vies des couples contemporains.

Pour aller à l'essentiel, si j'ose dire, plusieurs constats émergent à propos de la question de l'échangisme, dont une philosophie reste à produire, comme cela a été le cas pour la pornographie[3] :

* Des couples s'y adonnent pour mettre « un peu de piment » dans la routine sexuelle. Et plus seulement les stars du grand comme du petit écran. Justification : l'allongement de la durée de la vie étant ce qu'il est, se marier à 30 ans, c'est potentiellement « en prendre pour 50 ans de vie à deux ». Conséquence : le recours régulier au libertinage rend viable une union au long cours sans frustration. Pas de jugement moralisant à faire lorsque les adultes sont consentants et les enfants couchés.

* D'autres considèrent que le coït pratiqué sous l'œil du conjoint non seulement n'est pas un acte d'infidélité, mais constitue la meilleure façon de la prévenir. Justification : le sexe en public élimine de fait les mensonges sordides. Certains vont jusqu'à y voir la réalisation en acte d'une éthique de la transparence, tout se faisant « au

vu et au su » du conjoint. Et toujours dans le respect de son libre arbitre. Que d'émissions de télévision sur ce thème !

* D'autres encore trouvent, dans ce cadre normé, le moyen de vivre des expériences homosexuelles qu'ils ne s'accorderaient pas autrement. Justification : l'accès à des plaisirs inédits sans mise en danger du couple.

* D'autres, enfin, relancent l'aiguillon du désir pour *leur* conjoint en le voyant désiré par un tiers. Au passage, c'est là une application rarement relevée du principe de *rivalité mimétique* cher à René Girard. Est désirable pour moi, l'objet que les autres désirent pour eux-mêmes. Justification : mon partenaire sexuel est convoité par d'autres (hommes et/ou femmes), c'est valorisant pour moi. Protégé par mon amour, j'ai le privilège de *posséder*, par voie de contrat légal, un corps que je cède à autrui le temps d'une partie fine.

On le voit, notre excursion au pays de l'amour philosophique n'écarte pas la visite des quartiers chauds. Celui des amours plurielles en est un.

Quatre idées en forme de conseils

✓ D'abord, envisager le plus froidement possible la question de la jalousie. Écarter les fausses réflexions du type « Je suis au-dessus de ça », « Ce sentiment est ridicule », « Les mœurs ont évolué ». Y penser, profondément, sérieusement, en conscience. Bref, penser l'expérience de la jalousie (déjà vécue ou potentielle) par rapport à soi-même et par rapport à autrui. Un authentique travail sur soi.

✓ Poursuivre la réflexion en s'appuyant sur l'exemple du pacte Sartre/Beauvoir. « Qu'est-ce que j'en pense moi ? Pourrais-je, voudrais-je, m'engager dans un tel schéma ? » Bref, envisager lucidement la thèse des « coups de canif » au contrat de mariage ou d'union maritale. En un mot : construire une conduite à tenir, au cas où.

✓ Engager la réflexion avec le partenaire autour de l'échangisme, sorte de moyen terme entre l'infidélité cachée ou au contraire assumée : ne pas y céder à son corps défendant par peur de perdre l'autre, mais au terme d'une franche discussion menée à deux sur l'avenir sexuel du couple à long terme. D'une façon générale, les deux conjoints doivent se déterminer avec la plus grande clarté sur ce que l'entité couple souhaite faire ou non en matière de sexualité.

✓ En toute hypothèse, ne tenir aucun compte des effets de mode et des « pressions » ambiantes (médias, confidences d'amis...) Bref, cultiver son indépendance de jugement.

Éclairages complémentaires

1. Bianca Lamblin, *Mémoires d'une jeune fille dérangée*, Balland, 1993.
2. Cette hypothèse est évoquée dans le livre *Les Philosophes et l'Amour*, par Aude Lancelin et Marie Lemonnier, Plon, 2008.
3. Ruwen Ogien, *Penser la pornographie*, PUF, Questions d'éthique, 2003.

Chapitre 7

Heidegger/Arendt : cachez ces liaisons monstrueuses que je ne saurais voir !

Les feux de l'amour

Changement radical d'atmosphère. Autant l'examen du couple Sartre/Beauvoir trouve son épilogue dans un gigantesque éclat de rire, autant les tristes protagonistes de ce chapitre vont nous faire basculer dans une dimension douloureuse. Pénible même. Mais là encore, impossible de passer outre. Tout comme Jean-Paul et Simone, la potée Hannah et Martin figure en bonne place dans le menu du touriste philosophe. Faisons donc halte dans ce restaurant allemand, d'où s'élève un étrange fumet. Ce chapitre sera bref, l'essentiel de mon propos étant des plus simples à cerner : l'amour n'a que très peu à voir avec la vertu ou la morale. C'est une force irrationnelle, magnifique et terrible, qui se joue des raisonnements. Au mieux, peut-on la juguler. Et encore.

Martin Heidegger est né en 1889 et Hannah Arendt en 1906. Dix-sept années les séparent. Une paille pour notre époque où même les philosophes, imitant en cela les *rock stars*, convolent alors qu'ils ont déjà un pied dans la tombe. Mais bon, puisque l'amour *unit dans son lit les cheveux blonds et les cheveux gris*, voire franchement blancs, on ne sait trop que dire.

Je m'autorise néanmoins une digression (ce sera la seule de ce chapitre, promis, juré, craché) : pendant (trop) longtemps c'est Monsieur qui a joui du privilège à peu près exclusif de faire main basse sur le tendron ferme et naïf. Mais au tournant de notre siècle, l'heure de la riposte a sonné. Le coup d'envoi du retournement inévitable a été lancé notamment par une Claire Chazal ou une Demi Moore. Et, qu'on se le dise, la déferlante *cougar* fait des ravages. Toutes griffes dehors, les cinquantenaires révisées de près (des seins aux dents, en passant par l'arrière-train) revendiquent la liberté de pouvoir planter leurs crocs dans le corps de jeunes hommes bodybuildés. Et là encore, ce brave Internet, décidément mis à toutes les sauces, aligne une kyrielle de sites « 100 % cougar ». Un régal, dit-on, pour les *Julien Sorel* en mal de femmes mûres et réputées expertes. Et l'on se souvient que dans l'immortel roman de Stendhal, Madame de Rênal, au cours de la première nuit d'abandon, « *n'eut rien à refuser à Julien* ». Mille fois plus suggestif et érotique que ces étalages de chair dénudée sur la Toile. Passons.

Le mari, la femme, la maîtresse

Quant à nous, nous allons beaucoup moins nous régaler. Ouvrons la carte des menus. Heidegger, l'assistant de Husserl, dont il s'éloignera par la suite, rédige une des œuvres majeures de la philosophie du XXe siècle, publiée en 1927 sous le titre *Être et Temps*[1]. Le texte déploie une réflexion qui emprunte beaucoup à la phénoménologie mais s'en écarte, en proposant un dépassement de la métaphysique classique par une relecture complète de l'ontologie originelle. *A priori*, rien d'affriolant. Or, au cours de cette période d'effervescence intellectuelle et de spéculations tous azimuts, notre homme vit une passion bien charnelle avec une de ses étudiantes, à Marbourg. Son nom : Hannah Arendt. Il est marié – j'allais écrire, évidemment – et père de deux enfants. Je note que nos chers philosophes ont une propension sidérante à exploiter les amphis de facs comme autant de viviers féminins. La solution de facilité en somme ! Hannah Arendt, futur auteur de livres de haute volée (cf. *Condition de l'homme moderne*[2]) aligne moins de vingt printemps. Elle est littéralement *fascinée par le charme innocent d'un professeur*, non pas d'anglais, mais de philosophie.

Rapidement, le couple illégitime se retrouve dans la banale et minable configuration classique :

* la jeune femme profondément amoureuse qui désire partager la vie de son amant ;
* l'homme, très amoureux également, mais marié, qui multiplie les déclarations emphatiques à sa maîtresse (« *Telle que tu es tout entière, et telle que tu vas rester, c'est ainsi que je t'aime* »). Tout cela ne l'empêchant pas de rentrer coucher à la maison ;
* l'épouse légitime, Elfride, profondément et sincèrement éprise de son mari, inévitablement jalouse, mais qui jette son mouchoir par-dessus sa dignité bafouée. À noter qu'Heidegger lui aussi aimait profondément son épouse légitime, mais n'a cessé de la cocufier ;
* la maîtresse qui se résigne à quitter son amant pour un mariage (Hannah Arendt épouse un certain Günther Stern, en 1929, rencontré à l'occasion d'un séminaire sur… Heidegger).

La sioniste et son nazi

Le cas Arendt/Heidegger déborde le cadre du trio classique pour se situer sur le plan de la morale la plus élémentaire. Comme on va le voir, il incarne jusqu'à la caricature, le conflit entre la prise de conscience d'un « *Qui j'ose aimer ?* » et d'un inévitable « *Je suis venu te dire que je m'en vais car tu m'en as trop fait* ».

Récapitulons.

Deux philosophes de haut niveau : d'un côté une intellectuelle juive, qui, dès ses années d'étude, adhère à l'organisation sioniste en Allemagne, de l'autre, un des principaux penseurs du XXe siècle qui s'encartera au… parti nazi (numéro : 312.589) entre 1933 et 1945. Un cas de figure digne d'une tragédie. Hannah Arendt a longuement travaillé sur les origines du totalitarisme, théorisé la terrible « banalité du mal » (cf. le procès Eichmann à Jérusalem) sans s'apercevoir qu'elle avait elle-même ouvert son lit à un mal tout sauf banal, incarné par un philosophe d'envergure. Insistons : la jolie juive s'est éprise d'un homme soucieux de préserver le « *terroir allemand* » face à l'« *enjuivement croissant au sens large et au sens restreint du terme* ». On songe ici irrésistiblement au détestable texte *Bagatelles pour un massacre* (1937) de Louis-Ferdinand Céline.

Des années après la fin de la guerre, Heidegger, qui n'aura jamais un mot de regret pour les victimes, se contentera de considérer qu'il a fait « une grosse bêtise ». Nous sommes évidemment face à un pur salaud. Faute de quoi, les mots n'ont plus de sens. Philosophie ou pas.

Qu'on se rassure : si Hannah Arendt n'a jamais cessé d'aimer l'auteur d'*Introduction à la métaphysique*, elle a su néanmoins marquer la rupture, dès 1933, avec le « meurtrier potentiel ». C'était bien le moins, me direz-vous. Sans doute, mais encore fallait-il pouvoir placer les valeurs éthiques au-dessus de la passion. Ce qui fut fait.

Une remarque pour finir : la connaissance de l'égarement de Heidegger ne doit pas exonérer de l'étude des œuvres de ce penseur important. Lorsque je lis les productions du philosophe, je tente de faire abstraction de ce que je sais de l'homme. Un exercice pénible. Et je songe alors à Hannah. Cruauté du sentiment.

Quatre idées en forme de conseils

✓ La logique de la passion échappe, pas toujours mais souvent, à celle de la morale. De ce point de vue, la trame du célèbre film *L'Ange bleu* de Josef von Sternberg avec Marlene Dietrich dit tout, ou presque : un vieux professeur s'éprend d'une chanteuse de cabaret vénale et sombre dans une sorte de déchéance morale. Précaution minimale après avoir visionné ce classique cinématographique : s'ancrer dans la conviction que nul n'est à l'abri d'un tel scénario. Rien de plus. Mais rien de moins. Éviter impérativement les stupides : « À moi, une telle chose ne pourrait jamais arriver », « Le cinéaste pousse le bouchon un peu loin car dans la réalité, l'amour n'est pas si aveugle. » Tu parles Charles !

✓ Dans toute la mesure du possible, examiner les conséquences d'une inclination naissante pour une personne à la moralité douteuse, pour user d'une terminologie assez neutre. Je sais d'expérience que c'est plus facile à dire qu'à faire ! En particulier, délimiter clairement la frontière entre l'acceptable et l'intolérable, relève parfois de l'exercice casuistique. Là, c'est le film *Music Box* de Costa-Gavras qui peut utilement orienter la réflexion. Synopsis en une phrase : une avocate américaine découvre, au travers de nombreuses péripéties, que son père est un ancien nazi et se résigne à couper les ponts, malgré son amour pour lui. Le choix de ce film s'explique évidemment par l'atmosphère de ce chapitre où plane l'ombre de l'hitlérisme.

✓ Résister à la tentation – compréhensible mais vaine – consistant à croire que l'intensité d'un amour peut venir à bout de toutes les difficultés et transformer les comportements individuels. Ce qui reviendrait à soutenir que les beaux yeux d'Hannah la sémite auraient pu éloigner Martin le teuton de sa funeste fascination pour le fascisme, ou, dans un registre complètement différent, que l'affection d'une Jane Birkin aurait pu pousser un Serge Gainsbourg à se libérer de sa proverbiale consommation de tabac, laquelle a dû faire prospérer des générations de buralistes. Je suis adepte des rapprochements ébouriffants, voire choquants. D'ailleurs, livrez-vous à l'exercice… Vous verrez, c'est assez édifiant. On croit exagérer et puis, comme on dit, la réalité dépasse la fiction.

✓ Éviter toutefois la tentation du tout ou rien (un point sur lequel je reviens en permanence). En clair : si l'amour n'est pas omnipotent, ne pas conclure pour autant à sa complète impuissance. Par exemple : peu d'hommes ou de femmes sont parvenus à renoncer à l'alcool par amour. *Qui a bu boira*, énonce l'implacable dicton. Sans doute. Mais d'autres ont réussi, portés par la tendresse de proches. Et accessoirement avec l'aide de la psychothérapie des addictions. Ceci n'empêche pas cela. En conclusion, on a toujours intérêt, quand c'est possible, à penser la passion sous deux angles : d'une part, examiner l'articulation entre amour et morale (en essayant d'ériger les normes morales en valeur suprême), d'autre part, s'interroger sérieusement sur la capacité de l'amour à transformer, sinon des êtres, du moins des situations. En la matière, mieux vaut pécher par excès de modestie que de confiance.

Éclairages complémentaires

1. Martin Heidegger, *Être et Temps*, Gallimard, 1964 pour l'édition française.
2. Hannah Arendt, *Condition de l'homme moderne*, Agora Pocket, 1994.

Chapitre 8

Russell : un logicien aux idées larges ou l'impossible Monsieur Russell

Je ventile façon puzzle

Pas de doute. Des gènes spirituels de Diogène ont dû passer chez Bertrand Russell. Malgré les inévitables différences d'époque et de civilisation, à l'instar de notre philosophe-gueux, le penseur britannique, né au Pays de Galles en 1872, revendique haut et fort l'égalité homme-femme. Il se prononce en faveur de l'union libre, tient pour innocentes vétilles les aventures d'un soir, juge d'ailleurs l'adultère comme inévitable, mais préconise toutefois de conserver l'institution du mariage, au vu de son utilité sociale. Pour Bertrand Russell, l'essentiel c'est que les enfants soient protégés, éduqués et socialisés dès l'âge tendre. Objectif : œuvrer pour que les bambins parviennent rapidement au stade de sujets pensants doublés de citoyens éclairés. En effet, selon l'intéressé, chacun de nous est un citoyen du monde en puissance, pour peu que les politiques de l'éducation produisent leur effet. Comme son lointain prédécesseur, Russell, athée et agnostique déclaré, adore dégommer icônes, idoles et idéaux. Ce démineur de ce qu'il considère être un tissu d'illusions et de superstitions, se livre à un jeu de massacre jubilatoire : « *La religion chrétienne a été et est encore le plus grand ennemi du progrès moral dans le monde* », « *Parmi les religions, l'islam doit être comparé au bolchevisme. Le christianisme et le bouddhisme sont avant tout des religions personnelles avec des doctrines mystiques, tandis que l'islam et le bolchevisme ont une finalité pratique, sociale, matérielle, dont le seul but est d'étendre leur domination sur la terre* », « *L'idée de Dieu est absolument indigne d'hommes libres. La vue de gens qui, dans une église, s'avilissent en déclarant qu'ils sont de misérables pécheurs et en tenant d'autres propos analogues, ce spectacle est tout à fait méprisable. Leur attitude n'est pas digne d'êtres qui se respectent [...]. Un monde humain nécessite le savoir, la bonté et le courage ; il ne nécessite nullement le culte et le regret des temps abolis, ni l'enchaînement de la libre intelligence à des paroles proférées il y a des siècles par des ignorants* ». On le voit, chaque obédience en prend pour son grade, même si Russell semble ignorer l'existence d'une mystique musulmane riche et féconde.

Sur le plan social, l'homme est tout aussi audacieux. Là encore, un exemple : en 1932, il se fend d'un texte incisif au titre volontairement provocateur, *Éloge de l'oisiveté* (*In Praise of Idleness*). Il y développe en particulier l'idée selon laquelle les gains de productivité liés au machinisme et à l'automatisation devraient permettre de fournir le minimum vital à toute l'humanité en travaillant... quatre heures par jour. Journée type possible : production de biens de consommation et de services le matin, loisirs, culture et autres activités sociales l'après-midi. Cette citation continue de faire le bonheur des libertaires du monde entier... et le mien par la même occasion : « *Croire que le travail est une vertu est la cause de grands maux dans le monde moderne.* » Et toc !

Cet apôtre de la réduction du temps de travail se rêve également en homme d'action : ses positions politiques lui valent plusieurs séjours dans les prisons de Sa Majesté pendant la Première Guerre mondiale. Voilà qui donne poids et crédit à sa réputation de forte tête. Esprit indépendant, dès les années vingt, il dénonce les dérives du communisme soviétique. Dans les années cinquante, il se lance dans le militantisme contre l'usage militaire de l'atome. Après viendra le tour de la lutte contre la guerre du Vietnam, etc. À presque 90 ans (il meurt en 1970), Russell est arrêté lors d'une manifestation contre la bombe nucléaire. Auteur prolifique, allant des hautes abstractions logiques et mathématiques jusqu'aux textes de vulgarisation, il reçoit le prix Nobel de littérature en 1950.

Mathématicien et philosophe surdoué, Bertrand Russell est un des piliers de la logique moderne et de l'épistémologie (son œuvre clé a été rédigée conjointement avec Whitehead, sous le titre *Principia mathematica*). J'épargne au lecteur un aperçu, même sommaire, des thèses de cet intellectuel de haute volée. Qu'il me suffise de dire que Russell est un peu le Leibniz du siècle dernier, auteur qu'il maîtrisait d'ailleurs fort bien (cf. son très savant ouvrage *La Philosophie de Leibniz*).

Mariage à la tronçonneuse

La présence de Bertrand Russell dans ce livre se justifie pleinement car ce « matheux » a produit une salutaire réflexion sur l'amour, le couple, le mariage, et a su ouvrir des voies d'action[1]. Le cheminement de sa pensée est assez simple à percevoir, compte tenu de ce que nous avons dit du personnage. Le fil rouge de son raisonnement est *grosso modo* le suivant : le mariage dit d'« amour » doit sortir d'un état de fait marqué au coin de la dissimulation et de l'hypocrisie, pour devenir le lieu d'une nouvelle relation homme-femme vécue sur le mode de la lucidité et du respect mutuel.

Acte un : l'auteur descend en flammes, il n'y a pas d'autre mot, les mensonges du mariage bourgeois, applaudit des deux mains à l'émancipation de la femme qui s'affirme dans le monde social et délaisse enfin son statut de « *sainte femme pleine d'abnégation* ». Il soutient, cela va de soi, le vote des femmes.

Acte deux : bien avant nos biologistes de l'amour, il prend acte de la fugacité de l'amour-passion mais sans le condamner pour autant. Bien au contraire. Grâce à la passion, au cours de son existence, un être humain a l'opportunité de vivre d'enrichissantes rencontres relationnelles. Russell voit en elles de « *précieuses possibilités de rapprochement humain* ». La formule est séduisante. De toute façon, notre penseur en est convaincu, « *Les hommes et les femmes sont en général polygames par instinct* ». Plutôt que de pleurnicher sur l'inconstance des sentiments, mieux vaut voir le côté positif des choses.

Acte trois : au mariage il préfère l'union libre, dans laquelle il voit un passeport pour une relation équilibrée et égalitaire entre Monsieur et Madame. Justification de cette position : « *On peut tomber amoureux et rester pendant plusieurs années à la dévotion d'un seul être, mais tôt ou tard l'habitude émousse la passion et il faut chercher ailleurs le retour des premières voluptés. Il est naturellement possible de dominer cet instinct, mais il est difficile d'en empêcher l'existence.* »

Acte quatre : alors qu'il pourrait se contenter de tirer sur l'ambulance nuptiale et attendre que l'institution meure de sa belle mort, Russell propose au contraire une sorte d'*aggiornamento* du mariage auquel il assigne deux finalités : d'une part, fournir un cadre normé pour assurer dans des conditions acceptables « *la procréation et l'élevage des enfants* », d'autre part, permettre aux couples capables de passer de l'amour-passion à l'amour-amitié ou, pour le dire mieux, à un attachement solidaire et apaisé, de cheminer ensemble. Tout en s'autorisant aventures sentimentales et escapades sexuelles. Bref, ce ne sont plus des petits coups de canif qui seront ici tolérés, mais, le cas échéant, de véritables assauts à la tronçonneuse. Tel est le prix à payer pour faire perdurer le mariage. Et au passage, la formule à la Russell a au moins le mérite d'indiquer une éventuelle voie de passage.

La cause des enfants

À nouveau, une question en forme d'objection vient à l'esprit : pourquoi vouloir mettre sur orbite une version remaniée du mariage plutôt que d'attendre tranquillement sa fin et que l'union libre se généralise ?

1. Russell sait bien que l'humanité n'est pas prête à signer l'acte de décès du mariage qui conserve, à ses yeux, une incontestable dimension sociale structurante.

2. De plus, nous l'avons signalé, il entend défendre mordicus la cause des enfants. Au passage, il préfigure certaines des thèses d'un Hans Jonas (le souci des générations futures, l'attachement aux chères têtes blondes en général, la responsabilité personnelle de l'individu envers ses contemporains…). Or, tous les parents savent que les enfants, s'ils ont évidemment besoin d'amour, ont également besoin de valeurs repères pour se construire psychologiquement, affectivement et socialement.

3. La revendication de rapports authentiquement *adultes* entre hommes et femmes, liée au souci permanent du bien-être des *générations futures*, constitue en réalité un projet *politique* au sens plein et entier du terme. Et dans ce projet, le mariage, sous une forme ou une autre, peut jouer un rôle certain.

Notre homme pose du reste une sorte d'impératif intangible : « *Agis de façon à produire des désirs harmonieux plutôt que discordants.* » Insistons : du couple à la diplomatie, nous touchons là à l'essence même de la politique ; recherche d'un consensus équitable par le dialogue et la négociation, responsabilité personnelle, dépassement des logiques d'affrontement au profit des logiques de coopération. *In fine*, c'est bien cela que Bertrand Russell a en tête lorsqu'il rédige *Le Mariage et la Morale* : comment et à quelles conditions garantir l'avenir d'une humanité libérée des faux-semblants, de la superstition, de la violence et des vieilles lunes réactionnaires ? Comment favoriser le libre épanouissement de chacun dans le respect de l'autre et aborder l'avenir avec un minimum de clairvoyance et de sérénité ?

À notre époque de gardes alternées, le thème de la cause des enfants, explicitement revendiqué par Russell, conserve toute sa force. Sa conception du mariage, certes assez particulière, constitue un possible creuset d'où émergeront les futurs citoyens.

Un peu d'humour en guise de conclusion : notre penseur de l'union libre a contracté le mariage à quatre reprises au cours de sa longue existence. Pour le dernier, avec une certaine Edith Finch, il avait atteint 80 ans. À quoi il convient d'ajouter (au moins) deux enfants nés hors mariage. Un sacré tempérament !

Quatre idées en forme de conseils

- ✓ Pas encore passé devant Monsieur le maire ? C'est le moment de songer au mariage selon Russell. Qu'en pensez-vous en votre for intérieur ? D'accord ? Pas d'accord ? Envisagez-vous d'évoquer le sujet avec le futur conjoint ? Lui déclarer par exemple : « *J'ai l'honneur de ne pas te demander ta main ?* » La chose vous semble risquée ? Une seule consigne : réflexion à tous les étages avant de convoler !

- ✓ Marié ? L'alternative est simple : continuer comme maintenant (contrat garanti « 100 % mariage ça passe ou ça casse ») ou bifurquer vers une conception à la Russell, afin de préserver l'éventualité d'une douce complicité toujours bien vivante quand l'heure des déambulateurs aura sonné.

- ✓ Vous assumez le risque inhérent aux positions rigides : un mariage sans mensonge, ni hypocrisie, ni incartade, même passagère, bref, l'absolu nuptial ou rien. Deux suggestions néanmoins : vérifiez que l'autre est bien sur la même ligne et préparez-vous à une course de fond, car la passion ne lâche pas prise comme ça. Paradoxe suprême : dans votre désir de rester fidèle à votre *attachement* amoureux envers une seule et unique personne, l'étude des morales du *détachement* sera un auxiliaire particulièrement puissant.

- ✓ Mariage, union libre, divorce, essayez, autant que faire se peut, de placer à l'avant-plan de vos objectifs le souci de l'intérêt commun (ce qui est bon pour l'ensemble de la société) et la préservation des générations futures. Ce n'est pas la voie la plus facile, loin de là. Mais elle réserve des plaisirs raffinés qui valent bien ceux des sens.

Éclairage complémentaire

1. *Le Mariage et la Morale*, publié au tout début des années trente, a été repris en collection 10/18.

Chapitre 9

Proust : l'homme à la madeleine

Le désenchanteur de Cabourg

Cette galerie de portraits se termine non pas avec un philosophe, mais avec un écrivain. Je dis bien un écrivain et non un pur romancier. Car, l'œuvre de Marcel Proust, présentée sous une forme romanesque, a pour soubassement une authentique pensée de portée philosophique. Je considère que ses observations rejoignent, pour l'essentiel, quelques thèses centrales de ce qu'on appelle généralement la « philosophie du sujet ». On a disserté à l'envi, et à juste titre, sur les développements psychologiques proustiens dans le domaine du sentiment. Ainsi, son étude de la jalousie, par exemple, est réputée pour son côté objectif, clinique. La jalousie vue par Proust, c'est même devenu une sorte de morceau de bravoure, à la limite du poncif. Or, il y a beaucoup plus dans le corpus proustien. Lire le petit Marcel, autrement dit prendre la place du narrateur, c'est se donner la possibilité de s'observer soi-même. Et là on s'aperçoit que Proust fait partie de ces écrivains qui donnent réellement corps à la définition selon laquelle, la littérature, c'est tout bonnement *la vie examinée*. Mais au-delà de cet aspect, qui justifie à lui seul la lecture de l'œuvre, l'auteur de *La Recherche* multiplie les réflexions sur le temps, plus exactement l'expérience du sujet qui se saisit lui-même dans la temporalité des événements. Le romancier français fait songer à plusieurs philosophes. Des exemples ? Maine de Biran, Bergson bien sûr, Kierkegaard par certains aspects, voire le Descartes des lettres à la princesse Elisabeth. Que Proust ait lu ou non ces auteurs ne change rien à l'affaire. Car, rarement écrivain aura à ce point établi, j'allais dire théorisé, le lien entre trois notions essentielles au cœur de toutes les philosophies du sujet :

1. L'introspection psychologique comme condition primordiale d'accès à la pensée : partant de mon expérience d'individu particulier dans ce qu'elle a de plus intime, je me hisse à une réflexion de portée générale sur le monde et je fais l'expérience des mécanismes de l'esprit. Raison pour laquelle tant de remarques de Proust trouvent un écho puissant chez ses lecteurs, aujourd'hui encore. Elles touchent l'affect, nourrissent également l'intellect, mais surtout atteignent l'être intérieur.

2. Le statut du souvenir dans la construction de la vision que chacun de nous a de la vie. Certains souvenirs sont neutres ou indifférents. D'autres encore, insignifiants en apparence, déclenchent l'irruption d'un présent hors du temps, du plus profond du passé. Ce temps hors du temps, ineffable, me révèle à ma propre vérité. C'est, en substance, la leçon de la célèbre madeleine. Par cet épisode, Proust se découvre comme « *être extra-temporel qui revit l'essence des choses* ». Nous touchons là à une forme de spiritualisme. D'ailleurs, l'intéressé s'interroge de manière audacieuse : « *Peut-être la résurrection de l'âme après la mort est-elle concevable comme un phénomène de mémoire.* » Ces aspects de l'œuvre proustienne sont peu soulignés ou mal connus. Je crois donc utile de les évoquer, même succinctement.

3. Le passage du temps, vécu comme véritable écosystème des relations interpersonnelles. L'œuvre montre que le temps perçu/vécu est l'écrin du sentiment. Il le révèle et l'enferme aussi bien. Il le dévoile et le déforme tout à la fois. Contradiction déconcertante : c'est par l'expérience du sentiment vécu dans les méandres du temps que m'est révélé, parfois, mon statut d'individu-sujet dont l'essence s'exprime dans le temps des événements, tout en lui restant extérieur. Subtil. Chez Proust, passé et présent se superposent et se juxtaposent constamment dans la conscience du sujet selon des lois difficiles à décoder. Toutefois, la lecture des 2 400 pages de *La Recherche*, dans la mesure où elle exige un temps matériel considérable, nous fait progressivement accéder au rythme secret de la conscience individuelle prise dans son rapport aux autres et au monde. Une expérience difficilement communicable auprès de qui n'a pas encore osé se laisser couler dans les courants de l'œuvre.

Si j'ai volontairement démarré par ces considérations assez techniques, un peu étranges, voire rébarbatives[1], c'est parce que les innombrables flèches décochées contre l'amour par le désenchanteur de Cabourg prennent toute leur dimension pour qui a, en arrière-plan, la logique proustienne du temps et du « spirituel ». Je voulais au moins porter ces aspects à l'attention du lecteur.

Mais, j'en conviens, on peut également faire sans. Et plonger brutalement dans le texte, sans préparation, ni protection, pour en retirer des pépites d'une beauté vénéneuse. Très vite, on s'aperçoit qu'en matière de discours sur le sentiment, l'amour ou le désir, notre homme, armé d'une petite pâtisserie oblongue appelée madeleine, tient la dragée haute à n'importe quel philosophe. Il y a quelque chose d'implacable chez Proust. Un regard froid, désincarné, clinique, nous l'avons signalé. Sa longue expérience de la maladie qui l'a contraint à vivre au ralenti, comme à distance, a évidemment joué un rôle dans l'élaboration de sa pensée et la genèse de son œuvre. Mais cela n'explique pas tout, loin s'en faut. Du reste, dans son *Contre Sainte-Beuve*, Proust avait démonté les théories qui veulent expliquer l'œuvre par la vie personnelle du créateur. Car par son génie propre, tout véritable artiste détient la faculté, indépendamment de son histoire personnelle, de nous élever à une sorte de contemplation objective de l'humain *en situation*.

Le dandy forçat de la plume

Avant d'aller plus loin, en cet ultime portrait, livrons quelques indications biographiques sur notre redoutable auteur qui, insistons, a passé l'essentiel de son existence avec les yeux cernés et l'air crevard. Né à Auteuil, le 10 juillet 1871, Marcel Proust est le fils d'un professeur agrégé de médecine, Adrien Proust. La petite enfance est heureuse mais, très tôt, les ennuis de santé se déclarent. Ils ne quitteront plus notre homme. Son frère cadet, Robert, décrit ainsi le premier coup de tonnerre : « *C'est en rentrant d'une longue promenade au bois de Boulogne que nous avions faite avec nos amis que Marcel fut pris d'une effroyable crise de suffocation qui faillit l'emporter devant mon père terrifié, et de ce jour date cette vie épouvantable au-dessus de laquelle planait constamment la menace de crises semblables.* »

Atteint d'asthme chronique, la vie de l'écrivain sera donc rythmée par la maladie. À cause, ou plutôt grâce à elle, Proust construit un rapport au temps extrêmement particulier. Avant de produire l'œuvre que l'on sait, l'homme, libéré des contraintes matérielles grâce à sa famille, s'est vu un temps comme une sorte de dandy, un mondain. Or, au terme d'un cheminement intérieur qui a nourri un torrent de biographies, le dandy va se transformer en véritable forçat de la plume. Le résultat est proprement sidérant : une œuvre hors normes en 4D (la quatrième dimension étant le « temps proustien ») qui va contraindre Proust, pendant des années, à économiser ses forces afin d'écrire, écrire et écrire encore. La légende de l'ancien coureur de salons vivant comme un ascète dans son appartement tapissé de liège du boulevard Haussmann, fuyant comme la peste distractions et exposition aux graminées (l'asthme !), n'est justement pas une légende. Totalement épuisé par l'œuvre, constamment reprise, peaufinée, retravaillée, Marcel Proust est terrassé par une pneumonie le 18 novembre 1922.

Les histoires d'amour finissent mal en général

Comme on va le voir dans un instant, notre malingre constitue un péril permanent pour le monde des sentiments. Un explosif hautement instable. Battues à plate couture les fulminations exaspérées de Schopenhauer et sa dénonciation, lassante à la longue, des ravages du « soi-disant beau sexe » (cf. son détestable *Essai sur les femmes*) ; enfoncées les attaques de Lucrèce qui n'y est pourtant pas allé avec le dos de la cuiller quand il disserte, et avec quel brio, sur l'illusion de la passion amoureuse ; un nain de la vitupération, Chamfort et ses charges contre les pièges de l'instinct qui asservissent les meilleurs des hommes aux mesquineries de la domesticité et de l'odieuse paternité. Comparées à celles de Proust, les observations d'un Kierkegaard ou d'un Nietzsche font figure d'aphorismes laborieux rédigés les yeux embués, par quelque écrivaillon crétin, infoutu de trousser sa belle.

Bien des admirateurs du petit Marcel ont cédé au plaisir, un brin malsain mais ô combien délicieux, de relever, dans l'intégralité de l'œuvre, les jugements terribles du maître-littérateur sur l'amour. Je plaide coupable : plus d'une fois j'ai eu recours à mon bréviaire proustien pour faire passer une passion sans issue, comme naguère, en nos campagnes, on faisait « passer » quelque fœtus indésirable. Peu élégant mais efficace.

Donc : l'Internet fournit à la pelle de tels florilèges. Des générations d'amoureux trahis et de candidats sèchement éconduits ont fait de ces recueils tue-l'amour l'objet quasi exclusif d'une méditation morose pour temps de disette affective. Une sorte de thérapie par le mépris (de soi, de l'autre, du sentiment, voire de l'inanité de l'existence). À la façon de ces malheureux qui écoutent en boucle des chansons d'amour tragiques. Déroulons sans plus tarder le funeste florilège rédigé par notre Terminator du sentiment. Fil conducteur : *les histoires d'amour finissent mal en général.*

Débutons avec :

> « *Aimer est un mauvais sort, comme ceux qu'il y a dans les contes, contre quoi on ne peut rien jusqu'à ce que l'enchantement ait cessé.* »

> « *Bien souvent, un amour n'est que l'association d'une image de jeune fille – qui sans cela nous eût été vite insupportable – avec les battements de cœur inséparables d'une attente interminable.* »

> « *On serait à jamais guéri du romanesque si l'on voulait, pour penser à celle qu'on aime, tâcher d'être celui qu'on sera quand on ne l'aimera plus.* »

> « *On trouve innocent de désirer et atroce que l'autre désire.* »

Continuons avec :

> « *La jalousie n'est souvent qu'un inquiet besoin de tyrannie appliquée aux choses de l'amour.* »

> « *Comme tous les gens qui ne sont pas amoureux, il s'imaginait qu'on choisit la personne qu'on aime après mille délibérations et d'après des qualités et convenances diverses.* »

> « *Rien n'est plus limité que le plaisir et le vice. On peut vraiment, dans ce sens-là, en changeant le sens de l'expression, dire qu'on tourne toujours dans le même cercle vicieux.* »

Et terminons par le feu nucléaire :

> « *Sans doute peu de personnes comprennent le caractère purement subjectif du phénomène qu'est l'amour, et la sorte de création que c'est d'une personne supplémentaire, distincte de celle qui porte le même nom dans le monde, et dont la plupart des éléments sont tirés de nous-mêmes.* »

> « *Vivez tout à fait avec la femme, et vous ne verrez plus rien de ce qui vous l'a fait aimer.* »

Au cas, hautement improbable, où des lecteurs auraient survécu au déluge d'atomes, assénons le coup de grâce :

> « *On a tort de parler en amour de mauvais choix, puisque, dès qu'il y a choix, il ne peut être que mauvais.* »

C'est bien simple : si on donnait Proust à lire aux tourtereaux en mal d'union, notre romancier-penseur mettrait en péril à lui tout seul l'industrie du mariage, des couturiers aux traiteurs, en passant par les sites de rencontres. Un pur cauchemar pour les statistiques du chômage ! Avec cette précision capitale, afin de ne plus avoir à revenir sur le sujet : d'un simple trait de plume, Proust renvoie dos à dos toutes les configurations sexuelles. Homosexualité, bisexualité, hétérosexualité, au royaume de la chair et du cœur, aucune différence. Les amours masculines entachées d'élitisme à la Platon ne sont en rien une aristocratie de l'amour, le saphisme façon Christine de Suède n'est pas un passage secret menant à on ne sait quel « aimer autrement ». Jalousie, mesquinerie, tendresse (parfois) et souffrance (toujours) sont également réparties dans les deux camps. Au sortir de l'œuvre, on comprend que les femmes (en fleurs, façon Albertine, ou fanées, façon Madame Verdurin) ne valent pas mieux que les hommes. Quant à ces derniers… ils découragent jusqu'à l'expression de l'indignation.

Inutile de poursuivre le jeu de massacre, passons directement à la synthèse. Ce sera vite expédié !

1. Le désir est un esclavage.
2. Le plaisir est une déception.
3. L'amour est une cause perdue.

L'épitaphe inscrite sur la pierre tombale de l'amour (rêvé, idéalisé, fantasmé) pourrait donner à peu près ceci : « Les philosophes n'ont fait qu'interpréter l'amour de diverses manières, Proust, lui, a eu sa peau au tournant du XXᵉ siècle de l'ère chrétienne. » À partir de là, si on veut être conséquent, après avoir lu le monstre littéraire (dans tous les sens du terme), il faut toutes affaires cessantes :

- effacer identifiants et mots de passe d'authentification de nos sites de rencontres en ligne ;
- plonger avec rage nos claviers d'ordinateurs et nos téléphones portables dans un bain d'acide pour couper court aux tentations et aux illusions ;
- donner congé aux passions passées et à venir, en prenant refuge dans une apathie morose ;
- vivre de mépris et d'eau fraîche pour les affaires humaines, en attendant l'inévitable décrépitude et le trépas.

La mise en œuvre de cette hypothèse, soit dit en passant, est d'autant moins probable que l'homme se prend toujours à espérer. Sinon, pourquoi se remettrait-on en chasse après un échec sentimental ou un divorce ? Ah, l'espoir, cet éternel artisan du malheur… Mais là encore, il y faudrait tout un livre.

Seulement voilà : du cœur de la dévastation naît une possibilité dont Proust n'a peut-être pas perçu toutes les implications. Par une surprenante ruse de la raison (la coquine a plus d'un tour dans son sac), le nœud de l'illusion, précisément, laisse entrevoir une issue de secours. La chose est risquée, mais qui ne tente rien n'a rien.

Poupée de cire, poupée de son, mais poupée toujours

Expliquons-nous.

Soit ces deux citations, dont je souligne les éléments essentiels :

> « Les liens entre un être et nous n'existent *que dans notre pensée*. La mémoire en s'affaiblissant les relâche, et, malgré l'illusion dont nous voudrions être dupes et dont, par amour, par amitié, par politesse, par respect humain, par devoir, nous dupons les autres, nous existons seuls. *L'homme est l'être* qui ne peut sortir de soi, *qui ne connaît les autres qu'en soi*, et, en disant le contraire, ment. »

> « C'est la terrible tromperie de l'amour qu'il commence par nous faire jouer avec une femme non du monde extérieur, mais *avec une poupée intérieure à notre cerveau*, la seule que nous ayons toujours à notre disposition, la seule que nous posséderons, que l'arbitraire du souvenir, presque aussi absolu que celui de l'imagination, peut avoir faite aussi *différente* de la femme

> *que du Balbec réel avait été pour moi le Balbec rêvé ; création*
> *factice à laquelle peu à peu, pour notre souffrance,*
> *nous forcerons la femme réelle à ressembler.* »

Décodage :

1. L'expérience de l'amour, je la vis d'abord dans ma pensée et j'en construis une image intérieure correspondant, plus ou moins, à la personne aimée. Cette « poupée intérieure » que j'anime de mes sentiments se substitue à l'être de chair et de sang. Bien sûr, le décalage – pour dire le moins – entre ma séduisante poupée et la femme avec qui je partage disputes et tâches ménagères ne tarde pas à déboucher sur un antagonisme insurmontable. Et comme si cela ne suffisait pas, l'amertume venant, la poupée intérieure qui n'est plus une fée mais une sorcière, remplace mentalement la femme véritable. Double méprise : la poupée-fée des premiers temps m'interdit de contacter véritablement la personne que j'aime, la poupée-sorcière, née de l'épreuve du quotidien, m'interdit de voir les qualités pourtant bien réelles de la personne que j'ai cessé d'aimer. Ainsi, au fil de la cohabitation, s'accumulent les terribles : « Je sais ce que tu vas dire avant même que tu n'ouvres la bouche. […] Ce n'est même pas la peine de lui parler de ce projet, il ou elle ne voudra rien entendre », jusqu'à la confrontation. Les poupées du ressentiment ont remplacé les personnes réelles, l'interaction heureuse devient impossible.

2. Si je connais l'existence de ce processus, je peux tenter de dissoudre les poupées (fées ou sorcières peu importe, toute poupée étant négative par essence) et essayer de communiquer avec la personne qui se trouve en face de moi, ici et maintenant.

3. En pratique : établir des phases de discussion à deux en faisant volontairement abstraction des poupées et s'employer à écouter l'autre dans sa vérité du moment. D'ailleurs, pourquoi ne pas démarrer ladite discussion par un exercice de visualisation où l'on imagine des poupées de sel se dissoudre dans un lac paisible ?

Marcel, l'affreux jojo du sentiment, nous offre indirectement une clé d'action. Elle ressemble d'ailleurs à certaines pratiques de nos psychologues spécialisés dans les thérapies de couple. L'amour en danger vaut bien cet effort, non ?

Quatre idées en forme de conseils

✓ Oser se confronter aux propos proustiens sur l'amour. Exagéré ou pas, son discours mérite au moins réflexion.

✓ Proust revient inlassablement sur le caractère subjectif de l'amour. L'essentiel se joue dans la conscience du sujet. Comprendre, vivre, intégrer l'amour, passe donc par un authentique travail sur soi, au plus intime de la conscience. Toute transformation éventuelle du comportement ne saurait partir que de là. Surtout : si je sais que je rencontre l'autre au travers de l'image que je m'en fais, de ma représentation, comme disent les philosophes, je peux tenter de contacter la personne réelle derrière la *poupée intérieure*.

✓ Faites l'exercice consistant à prendre conscience de la poupée intérieure à l'effigie de votre partenaire. Oui, oui, je sais, tout le monde passe par la phase de déni (« Une poupée intérieure de l'autre dans mon esprit, vous voulez rire ! »). Vous poursuivez l'exercice et rien ne surgit ? Reprenez l'étude de ce chapitre, la poupée va bientôt apparaître. Patience.

✓ Chez tout cynique sommeille un idéaliste déçu, comme chacun sait. De ce point de vue, Proust et Schopenhauer[2] même combat. Concrètement, au milieu du bombardement des œuvres du Français et de l'Allemand, surgissent de purs trésors de spiritualité et de morale. Pour preuve, cet extraordinaire aphorisme proustien : « *À la bonté, au savoir on ne fait que promettre ; on obéit à la souffrance.* » Conseil d'ami : si vous tentez d'obéir, si peu que ce soit, et plus seulement de promettre, à la bonté et au savoir, tous les domaines de votre vie en seront transformés. Mieux encore : votre vision de l'amour s'orientera – enfin – dans la bonne direction. Avec la bénédiction de Proust par-dessus le marché. Ce qui revient à entrer dans le paradis avec l'aide du diable !

Éclairages complémentaires

1. Les lecteurs souhaitant se préparer à une étude sérieuse de Marcel Proust liront avec profit le beau livre de Georges Poulet, *L'Espace proustien*, Gallimard, 1963.

2. Faites l'expérience de lire, une fois dans votre vie, *Métaphysique de l'amour* d'Arthur Schopenhauer (publié en un volume avec un autre texte *Métaphysique de la mort*, en collection 10/18). Malgré ses positions qui pourront sembler vraiment trop pessimistes, le texte permet toutefois de distinguer plusieurs dimensions, souvent confondues dans le feu de la passion (c'est le cas de le dire) : l'instinct sexuel qui pousse l'homme à rechercher une partenaire en vue de procréer, le caractère passager de la passion amoureuse de l'homme pour la femme et inversement, l'indépassable fascination des masses pour les choses du sexe et les jeux de séduction, l'esclavage mental que représente le désir, l'incapacité de la plupart des hommes à envisager la sphère du pur amour, c'est-à-dire un amour désintéressé mais non désincarné, car s'exprimant au travers de la compassion, de la sympathie et même de la pitié, dont Schopenhauer offre une très belle interprétation. Par un retournement dialectique somme toute logique, le célibataire grincheux a cette phrase magnifique : « *Tout amour véritable est compassion ; et tout amour qui n'est pas compassion est égoïsme.* » Un saisissant résumé des éthiques bouddhiste et chrétienne, doctrines étudiées de près par notre philosophe.

DEUXIÈME PARTIE

Qu'est-ce qui pourrait sauver l'amour ?

Chapitre 10

Éros, Philia, Agapè : le trident des philosophes

Au faîte de mon arbre

On sait que notre René Descartes national, dans l'une des plus célèbres métaphores de la pensée occidentale, énonce que « *la philosophie est comme un arbre, dont les racines sont la métaphysique, le tronc est la physique, et les branches qui sortent de ce tronc sont toutes les autres sciences, qui se réduisent à trois principales, à savoir la médecine, la mécanique et la morale* ». Notons au passage l'étonnante clairvoyance de ce paragraphe datant de 1644 qui établit un lien, au moins implicite, entre les progrès de la médecine (une sorte d'obsession chez Descartes) et la morale. À notre époque, les passionnants débats sur la bioéthique confirment l'intuition cartésienne.

L'image de l'arbre, par sa puissance d'évocation, se retrouve dans de nombreux systèmes de pensée : Jung l'a utilisée dans le sixième chapitre de son volumineux ouvrage *Les Racines de la conscience*, où il étudie la notion d'arbre philosophique, alors que la Kabbale a fait de l'arbre des Sephiroth, symbole de la structure de l'homme (microcosme) et de l'univers (macrocosme), un de ses concepts moteurs. On pourrait également évoquer les œuvres du réputé Mircea Eliade et bien d'autres travaux. Juchés sur la canopée, tels les dieux de l'Olympe, les philosophes disposent d'une avantageuse vision en surplomb pour juger des êtres et des choses. Et lorsqu'ils souhaitent examiner cette force mystérieuse qu'on appelle amour, ils s'emparent d'un objet dont Poséidon ne se sépare jamais, que Shiva brandit tel un sceptre de pouvoir et que le Diable ne dédaigne pas d'employer, à l'occasion, pour embrocher les pécheurs promis aux feux de l'enfer. Quel objet ? Le trident bien sûr !

Lorsqu'elle produit un discours sur l'amour, la philosophie occidentale s'appuie, d'une manière ou d'une autre, sur un triptyque conceptuel qui lui permet d'en distinguer les différents degrés. D'où l'image du trident. Quelles en sont les trois pointes ?

1. Éros.
2. Philia.
3. Agapè.

Éros, mon bel amour, ma déchirure

Nous ne connaissons que trop Éros, le dieu de l'amour de la mythologie grecque. Ce passionné incandescent se nourrit de désir et de passion. Et comme Platon n'a cessé de le marteler, une fois l'objectif atteint (en clair quand la passion est payée de retour), que le désir s'émousse, que le manque douloureux est comblé par la félicité du sentiment partagé, Éros commence à s'ennuyer et se met à rêver d'une nouvelle aventure faite d'émotions magnifiées et de libido débordante. Déterminé dans sa volonté de séduire, audacieux jusqu'à la témérité, le bel Éros traverse océans déchaînés et contrées hostiles pour retrouver sa belle. Et puis, donc, la flamme faiblit. Cet Éros est évidemment l'amour-passion et fusionnel qui précipite les corps vers les cœurs, et inversement.

L'amour érotique fonctionne exclusivement avec le carburant de la passion débridée. D'où son côté inintelligible tant il nous paraît se déployer dans des directions différentes, contradictoires, antagonistes. L'amour-passion est à la fois généreux, égoïste, calculateur, spontané, constant, inconstant, juste, injuste. Moyennant un minimum d'introspection, vous pourrez aisément allonger la liste. À titre indicatif, reprenons rapidement les qualificatifs mentionnés.

Généreux ? Des hommes pingres ont largement ouvert leur porte-monnaie pour l'amour d'une femme. Souvent, bien leur en a pris. Les amants plumés auront, quant à eux, vécu une expérience toute balzacienne de première main.

Égoïste ? Tout amour-passion aime l'autre en vue d'un bonheur escompté pour soi-même. Peut se targuer de ne pas être égoïste en amour, exclusivement celui qui préfère savoir la femme tendrement chérie, heureuse avec un rival, plutôt que malheureuse avec soi. Mais tout le monde n'a pas la trempe d'un Spinoza, n'est-ce pas ?

Calculateur ? Nous savons tous que la folle passion transforme les timorés en stratèges. Des myriades de plans sont échafaudés par les forcenés de l'amour, par exemple, créer des occasions de rencontre, ou feindre des intérêts communs.

Spontané ? Par définition, le jaillissement de la passion (le fameux coup de foudre) se produit spontanément, même s'il résulte de la longue fréquentation d'une personne. Exemple : un beau matin, vous songez à votre collègue que vous côtoyez depuis plusieurs années, mais vous y pensez *différemment*. Et l'incendie de la passion ravage en quelques instants la forêt de la routine et des préventions. Conseil :

bannissez toute *love affair* en milieu professionnel (oui, je sais bien que je prêche dans le désert, oui j'ai expérimenté la chose, non ce n'est vraiment pas une bonne idée, vous dis-je).

Constant ? Dans certains cas, l'intensité d'une passion fusionnelle provoque une sorte de catharsis dont on ne saurait dire si la personnalité sort transformée ou… bousillée. Une chose est sûre : la passion a bel et bien eu un effet durable avec souvenir constant de l'« objet » du désir, à la clé. Je compatis sincèrement avec ceux et celles dont le conjoint a connu une telle expérience (le bel amour de jeunesse, l'exquise déchirure originelle, bref, des paroxysmes sentimentaux auxquels plus rien ne peut ensuite être comparé sans dommage).

Inconstant ? Les trahisons dans le domaine des serments d'amour à la vie à la mort constituent un genre littéraire et cinématographique à elles toutes seules. Rien à ajouter.

Juste ? La force de l'amour ramène parfois l'égaré dans le droit chemin. Pour conserver son aimée (« Tu changes ou je te quitte »), un homme peut très bien rompre avec un passé de délinquant et devenir un bon père de famille. Avec le temps, il peut même devenir un électeur réclamant à nos hommes politiques le renforcement des effectifs de police pour protéger « les honnêtes gens qui paient leurs impôts ». La politique, la police, les impôts, autant de sujets sur lesquels, chacun en conviendra, il y aurait beaucoup à dire. Je n'insiste pas.

Injuste ? On peut retourner ce qui vient d'être dit. Que de crimes, mineurs ou graves, commis au nom de l'amour ! Dans ce registre, policiers (encore eux !), juges et avocats ont à peu près tout vu et entendu.

Philia, toi et moi jusqu'à la fin du monde

On entend souvent le terme *Philia* au sens restreint d'amitié. Les penseurs grecs, Aristote notamment, ont beaucoup théorisé sur l'amitié, sorte d'étalon d'excellence des rapports entre... hommes-philosophes. Philia est bien cela : une disposition bienveillante envers un tiers fondée non plus sur la passion (passagère), mais sur l'affection (durable) et le partage de valeurs communes.

Cette deuxième pointe de notre trident, contrairement à Éros, n'exclut plus la raison et préfère les douceurs de la complicité et de l'engagement aux déluges d'hormones si bien identifiés par nos neurobiologistes. Philia s'applique évidemment à l'amitié, mais également au couple qui a su passer de la phase fusionnelle à la tendresse pleine de sollicitude, et d'ailleurs non exempte de savoureux « retours de flamme ». Ce degré de l'amour concerne le couple, les parents, les enfants, les proches. Point capital : loin de s'illusionner systématiquement sur l'autre, Philia aime dans la conscience et la lucidité. À l'occasion, elle sait admonester ou sanctionner. Exemple poussé mais explicite : une femme soumise à l'amour érotique fera n'importe quoi pour aider son mari gangster à s'évader de prison. Une femme inféodée à l'amour « philiaque » rejettera cette hypothèse (« Mon mari a commis de lourdes fautes, il doit par conséquent être puni par la société »), mais elle accompagnera son conjoint tout au long de sa détention et de sa réinsertion. Processus qui peut prendre beaucoup de temps mais, paraît-il, quand on aime on ne compte ni son argent ni son temps.

À mon sens, le péché mignon de Philia, à moins que ce ne soit son talon d'Achille, est de (sur)valoriser l'engagement de longue durée. Or, tout comme Éros, Philia peut naître, se développer et… mourir. Bref, attention aux (trop bons) sentiments. Philosopher ou faire de l'angélisme, il faut choisir.

Agapè, quand l'amour bat au rythme de l'universel

Terminons avec Agapè (amour, en grec). Le terme vous rappelle les agréables bouffes entre copains ? Bien vu. À l'origine, une agape était, pour les premiers chrétiens, un repas commun où l'on célébrait la fraternité spirituelle. C'était une sorte de cérémonie religieuse, au sens fort du terme, c'est-à-dire destinée à relier les fidèles. D'ailleurs, s'il faut en croire Lactance, apologiste chrétien d'expression latine, le terme religion (du latin *religio*) nous viendrait de *religare*, relier. Justifiée ou non, cette étymologie fonctionne à merveille : la religion, c'est ce qui relie l'homme à Dieu. Au passage, les copains sont ceux avec qui l'on partage son pain. Tout un symbole. En d'autres termes : se livrer à des agapes, c'est pratiquer Agapè, l'affection entre proches qui laisse de côté l'encombrant Éros, réserve une place de choix à Philia et s'ouvre à la perspective de l'amour d'autrui, en général. Et décidément, dans ce chapitre, l'étymologie sert notre cause, puisque le terme catholique est issu du grec *katholikos*, universel, « qui concerne tous les êtres ».

Eh bien voilà une affaire rondement menée : quignon de pain en main, j'honore Philia avec mes proches (parents et/ou amis…) dans la joie et la bienveillance. Loin de me limiter à mes *happy few*, je ne perds pas de vue l'humanité en général envers qui je choisis de manifester, dans toute la mesure du possible, les vertus de respect, de compassion et de solidarité (en mettant la main à la poche à l'occasion). Remarque en passant : l'émulation entre philosophie et religion, dans la conception de l'Universel, n'est pas nouvelle. C'est pourquoi la plupart des grands systèmes de croyances estiment pousser l'exigence morale plus loin que la philosophie en prêchant l'amour du prochain, même s'il nous veut du mal.

Plus modestes, nous ignorerons superbement ces sommets du dolorisme à tournure sacrificielle (chapeau bas cependant !) pour nous orienter, donc, vers un niveau plus accessible au commun des mortels : la bonne volonté universelle envers tout le monde en général et chacun en particulier, alliée au souci de l'intérêt général dans la justice. Prendre son trident et sa besace lestée de textes de philosophes, pour s'engager sur le chemin poudreux et rocailleux de ce qui n'est rien d'autre que le progrès moral à l'infini, a largement de quoi occuper son homme. Mais puisque la nature a voulu qu'il existât par-dessus le marché des individus aux aspirations spirituelles, l'auteur a choisi de dédier à ces bienheureux le prochain chapitre (« Et Dieu dans tout ça ? »).

La logique sublime d'Agapè (qui s'incarne notamment dans la *caritas*, la charité) s'impose assez facilement à l'esprit. Peut-on raisonnablement aller contre une telle perspective ? En revanche, les questions de casuistique (autrement dit l'étude des cas de conscience spécifiques et concrets que nous rencontrons dans la vie) ne manquent pas. Adapter les exigences de l'idéal aux petitesses du quotidien s'avère le plus souvent un chemin de croix (pour continuer avec les métaphores religieuses).

Deux exemples différents devraient vous faire percevoir, toutefois, la couleur particulière d'Agapè.

1. Je dîne en famille et le journal télévisé montre un énième désastre humanitaire suivi d'un appel aux dons par le présentateur. Je regarde mes chères têtes blondes qui font le nez sur leur steak-purée et je pense aux enfants des continents amers d'au-delà des mers. Après dîner, tout en rédigeant un chèque à ma mesure, je me dis que c'est une goutte d'eau, que l'essentiel des dons est détourné, qu'il faudrait trouver une solution politique globale, plutôt que de faire pleurer dans les chaumières, mais je persiste et signe (au sens propre). Je ne verrai jamais les bénéficiaires. Ils ne sont pas de mon sang. Mon acte est guidé par la compassion, le souci d'autrui : pas de doute, Agapè a frappé. Même modestement.

2. Je suis fou dingue d'Estelle, rencontrée lors d'une soirée chez des amis communs. Depuis des semaines, j'imagine mille stratagèmes pour la faire craquer. Elle me préfère finalement un autre homme. Colère, dépit, frustration, envie de voir mon concurrent périr dans les flammes : pas de doute, Éros m'asservit. Pour passer à Agapè, enfin si tel est mon projet, au terme d'un processus de détachement, je dois considérer que si j'aime réellement Estelle je veux son bonheur à elle. Même si elle choisit, au nom de son inaliénable liberté de choix, de vivre ce bonheur avec l'homme que je voulais, il n'y a pas si longtemps, envoyer au brasier. Bref, j'apprends à aimer l'autre pour lui-même (sa personnalité, ses choix…). Sans rien attendre en retour. Résignation ? Peut-être. Le renoncement a d'ailleurs ses vertus. Toutefois, on le conçoit, une telle abnégation (littéralement : faire abstraction de soi, c'est-à-dire renoncer à l'égoïsme) est un très beau parcours de travail sur soi.

Montons d'un cran : si j'offre écoute et réconfort à Estelle le jour où elle se brouille avec son conjoint, sans chercher à profiter de la situation, cela va sans dire, je ne suis plus très loin de la sainteté laïque. Car on peut se conduire de la sorte sans se référer à une obédience confessionnelle particulière. Croyant ou mécréant, et probablement sans le savoir, je réalise par expérience la distinction, établie il y a des siècles par Saint Thomas d'Aquin (1225-1274), entre l'amour de concupiscence (du latin *concupiscere*, « désirer », « propension à jouir des biens de ce monde ») et l'amour de bienveillance (attitude d'ouverture et de douce sollicitude envers autrui).

Dans le premier, j'aime l'autre pour lui sans doute, mais aussi beaucoup pour moi-même. Dans le second, je l'aime exclusivement pour lui-même. Un théorème que nous avons mis en exergue à plusieurs reprises dans ce livre. Conclusion : désormais, tout est dit.

Un fondement historique encore mal établi

Une interrogation demeure néanmoins : doit-on connaître d'abord les plaisirs, les souffrances et les traîtrises d'Éros, puis prendre repos en Philia, pour finalement contempler les hauteurs incomparables d'Agapè ? Ou bien s'agit-il de trois ordres radicalement différents (cf. Pascal), ou bien encore de trois stades existentiels, comme ceux définis par Kierkegaard ? À moins que les trois degrés ne coexistent avec plus ou moins de bonheur. À mon sens, Éros, Philia et Agapè diffèrent en degré et non en nature : une même force, tantôt exprimée dans la brutalité du désir physique, tantôt exaltée par la sublimation, traverse de part en part les amours de chair et d'esprit. Un rayonnement unique et

des fréquences multiples, en somme. Dans un autre registre, la distinction entre l'amour passionnel (Éros), amical
(Philia) et altruiste (Agapè) « *n'a pas réellement de fondement historique* », rappelle le phénoménologue chrétien
Jean-Luc Marion[1]. De fait, la distinction entre Éros et
Agapè, si elle a été pressentie par plusieurs penseurs tout
au long de l'histoire de la philosophie, a été établie par un
pasteur luthérien, Anders Nygren… au siècle dernier.

Nygren souhaitait distinguer, sur la base de la pensée kantienne, l'amour-passion qui domine et prend, de l'amour
altruiste qui donne sans attendre. Un refrain désormais
familier pour le lecteur.

Au final, fondement historique ou non, notre trident philosophique est bien pratique pour nous frayer un chemin
parmi les broussailles et les ronces du fait amoureux.

Quatre idées en forme de conseils

✓ Familiarisez-vous avec les trois concepts, Éros, Philia, Agapè. Les textes sur le sujet abondent[2].

✓ Examinez les moments de votre vie où vous avez été « plutôt Éros », « plutôt Agapè », « plutôt Philia »… et notez ce que vous avez pensé et éprouvé.

✓ Interrogez-vous en profondeur : selon vous, Agapè est-il le masque d'une résignation sordide, d'une inacceptable négation de soi ou, au contraire, la marque d'un héroïque dépassement de l'égoïsme fondamental de l'individu ?

✓ Considérez-vous le trident des philosophes composé de trois broches irrémédiablement distinctes ou convergentes ? Dans l'affirmative, où se situe, d'après vous, le point de convergence de la triade ? Pas de corrigé, ni de réponse type. Mobilisez votre expérience d'être humain liée à votre qualité de sujet pensant et trouvez votre solution. Le libellé de la question est volontairement bizarre. Alors, ce « point de convergence » ?

Éclairage complémentaire

1. Entretien dans *Philosophie Magazine*, n° 48, avril 2011.
2. Hannah Arendt, *Le Concept d'amour chez Augustin*, Rivages Poche, 1999.
Alain de Botton, *Petite philosophie de l'amour*, Stock, 1999.
Saint François de Sales, *Traité de l'Amour de Dieu*, Le Seuil, coll. « Points », 1997.
Vladimir Jankélévitch, *Les Vertus et l'Amour*, Flammarion, coll. « Champs », 2011.
Søren Kierkegaard, *Le Journal du séducteur*, Gallimard, coll. « Folio Essais », 1989.
Harold Klemp, *How to Find God*, Eckankar Minneapolis, 1988.
Georg Simmel, *Philosophie de l'amour*, Rivages Poche, 2008.

Chapitre 11

Spiritualité d'Orient et d'Occident : et Dieu dans tout ça ?

Stairway to God

Ce chapitre s'adresse essentiellement aux lecteurs ayant une croyance en Dieu, qu'elle s'exprime au travers d'obédiences confessionnelles constituées, ou non. Les autres, c'est-à-dire les agnostiques et autres athées de tout poil, ont largement de quoi occuper utilement le restant de leur séjour sur notre belle planète avec le contenu du douzième chapitre. Mais rien ne les empêche de respirer quelques instants le parfum très particulier des hauteurs étincelantes de l'amour spirituel. On ne sait jamais : des conversions subites à la Paul de Tarse ou à la Sainte Thérèse d'Avila ne sont pas à exclure.

Qu'on se rassure : mon propos se limitera ici à dessiner le contour général du concept d'amour divin (finalité de toute spiritualité véritable) en le comparant avec l'amour humain (l'objet de ce livre). Le mode d'exposition des idées, volontairement sec, didactique, scolaire, vise à dépassionner le débat, dans toute la mesure du possible.

Précaution inutile, pensez-vous ? Manifestement vous ne vous êtes jamais livré à cette expérience simplissime mais ô combien riche d'enseignements : dans un repas de famille ou entre amis, arrangez-vous pour que la discussion roule sur Dieu (pas la religion, non, mais Dieu lui-même). À l'instant, vous serez transporté au cœur d'interrogations métaphysiques fondamentales. Car évoquer Dieu, même comme pure hypothèse, c'est s'embarquer dans des débats sans fin sur la signification de la vie, l'existence du mal, l'expérience de la souffrance, la mort, la morale, bref, tout le spectre de la métaphysique justement. Sans oublier l'Amour avec un grand A. En un mot, vous n'êtes pas sorti de l'auberge ! Quelques exemples : les religions parlent d'un Dieu d'amour et de bonté qui, pourtant, ne s'émeut guère des catastrophes naturelles, des conflits armés, des crises économiques à répétition… Tout au long de l'histoire on a tué et asservi au nom de Dieu. Si Dieu est une essence impersonnelle indifférente au sort des hommes, alors pourquoi le prier et lui vouer un culte ? Et ainsi de suite. Surtout : prenez note des émotions qui accompagnent les déclarations des uns et des autres. Vous ferez mille découvertes sur vos commensaux, entre la poire et le fromage. Précision : ce chapitre complète le chapitre 8 de mon livre *Le Guide du mieux-être*, déjà cité, intitulé *Méditation et développement personnel : deux chemins différents*.

Amour *de* Dieu et amour *en* Dieu

Après ce petit préambule, déroulons le plus tranquillement du monde une série de constats et de propositions, qu'il appartiendra à chacun d'approfondir à partir de sa compréhension personnelle de Dieu. Un rude travail, soit dit en passant. Que de différences, en effet, entre le « Dieu d'Abraham, d'Isaac et de Jacob », objet de l'amour d'un Blaise Pascal, et le « Dieu des philosophes » d'un Voltaire, pour ne rien dire du Brahman de la gnose hindoue ou du Soi de certaines écoles de yoga. Dieu, comme objet de réflexion, intuition, sentiment, extase, réalisation…, remplit à la lettre des rayons entiers. Vous ne manquerez pas de ressources pour vous forger une opinion.

Donc : nous avons vu rapidement, dans le chapitre précédent, qu'Agapè (l'amour altruiste à portée universelle) désigne chez les chrétiens primitifs à la fois l'amour que Dieu porte à l'homme et que l'homme porte à son prochain. Conséquence : c'est le fait d'aimer Dieu qui, d'une certaine façon, crée l'obligation morale d'aimer autrui, en tant qu'il est une manifestation de Dieu. (« *Si vous voulez trouver Dieu, servez l'homme* », disait l'excellent Vivekananda.) Plus précisément : l'autre n'est pas aimé pour lui-même (pour ses qualités personnelles par exemple) mais parce qu'il exprime l'universalité de Dieu au travers d'une individualité particulière engagée dans le temps et l'espace. En clair, l'amour que je porte à Dieu me conduit à aimer les autres en Dieu, c'est-à-dire depuis une vision spirituelle unifiante. Cette vision est l'unique source de béatitude. « *L'ultime et parfait bonheur ne peut se trouver que dans la vision de l'essence de Dieu* », enseignait en effet Saint Thomas d'Aquin (*Somme théologique I*).

L'équation spirituelle s'énonce ainsi : vision *en* Dieu (de la vie, des autres) + amour *en* Dieu (*idem*) = amour divin (encore *idem*).

Rien d'étonnant à ce que les mystiques posent l'amour divin *à la fois* comme but de l'ascèse et comme moyen de réaliser Dieu. Car en Dieu, amour, connaissance et sagesse, se confondent. Réaliser Dieu équivaut à réaliser l'amour divin. Et inversement. Les affections humaines, quant à elles, constituent un reflet plus ou moins dégradé de l'amour originel fondamental.

On le comprend aisément : une telle conception semble faire bon marché de l'amour humain, fondé, par définition, sur l'élection d'un être humain, aimé justement pour son caractère irréductible, réel ou supposé. Mieux : l'essence de l'amour humain est l'attachement quand l'amour divin se déploie dans le détachement.

En un mot : l'amour humain *distingue* (mon conjoint, mes enfants, mes proches), là où l'amour divin *unit* (tous frères, tous également dignes d'amour car issus de la même source originelle). Sur le papier, concilier amour humain et amour divin n'a rien d'impossible : en toute rigueur, je puis être amoureux de *ma* tendre épouse, chérir *mes* enfants, avoir le souci d'autrui (le fameux « prochain » de nos systèmes religieux) et adorer Dieu. Sans doute. Sauf que dans la vie courante l'articulation reste subtile à… articuler justement.

De fait, hormis quelques nuances négligeables, les sages, saints et mystiques démontrent par l'exemple qu'ils aiment tout le monde en général et personne en particulier (au point, nous l'avons noté, de préférer assez souvent, mais pas toujours, le célibat au mariage).

Pour « fonctionner », une telle conception suppose deux conditions primordiales :

1. Le dépassement des intérêts personnels de l'ego au profit du bien-être universel (les désirs égoïstes et mesquins du Moi sont l'obstacle majeur à la réalisation de Dieu).
2. L'abandon absolu aux bons soins de la Providence (l'intelligence de l'Esprit divin sait mieux que nous ce qui est bon pour nous et d'ailleurs le manifeste dans notre vie).

Remarque : selon les champions de la discipline (de Sainte Thérèse de Lisieux à Sri Aurobindo), l'ascèse spirituelle (prière, oraison, méditation, contemplation) n'a de sens – et d'efficacité – qu'une fois pleinement acceptées les deux conditions primordiales.

Ceci posé, quelles sont les caractéristiques de l'amour divin en action ?

1. Compassion universelle (dans la mesure où elle s'adresse à tout le monde sans exception). « *La connaissance immédiate et intuitive de l'identité métaphysique de tous les êtres est le principe de la véritable compassion* », résume Schopenhauer[1].

2. Souci du bien commun et de l'équité (dont la traduction politique, soit dit en passant, est le beau concept d'intérêt général).

3. Respect de la liberté de jugement et de choix d'autrui (chaque être vivant manifeste un plan connu de Dieu seul, qu'il ne nous appartient pas de juger et qui, en toute hypothèse, échappe à notre compréhension).

Puisque l'abandon inconditionnel à la volonté divine commande toute trajectoire spirituelle digne de ce nom, des cloîtres aux ashrams, la plus haute forme de prière est la prière dite d'« adhésion » : « Que ta volonté soit faite. »

Néanmoins, pour des raisons de bon sens auxquelles n'échappent pas les « spirituels », le respect ainsi érigé en valeur suprême trouve certaines limites sur le terrain : l'homme dans l'erreur sera soumis à d'utiles conseils et autres mises en garde, l'individu violent envers ses contemporains devra évidemment être mis hors d'état de nuire dans l'intérêt de la société. L'amour divin, tout sauf naïf, se conjugue avec fermeté et sens des responsabilités (envers soi, les autres, Dieu). En guise d'illustration, je crois opportun de rapprocher deux citations tirées de deux ouvrages du philosophe et anthropologue René Girard.

> « *Le Royaume de Dieu, c'est l'élimination complète et définitive de toute vengeance et de toutes représailles dans les rapports entre les hommes.*[2] »

> « *Je ne tiens pas toute défense face à la violence pour illégitime. Mon point de vue n'est pas celui d'un pacifisme inconditionnel.*[3] »

Où l'on retrouve un certain G. W. Leibniz

Puisque nous en sommes aux citations, afin de mettre nos idées en ordre, faisons appel, une fois encore, à notre nouveau copain : Leibniz.

Avec des accents qui rappellent Platon, Plotin, Saint Augustin, Saint Thomas d'Aquin ou Malebranche, il nous sert une giboulée de concepts lourds à briser net le palan d'une grue de chantier : « *L'amour de Dieu l'emporte sur tous les autres amours parce que Dieu peut être aimé avec le meilleur résultat, car rien ne peut être conçu à la fois de plus heureux, de plus beau et de plus digne de félicité que Dieu. Et puisqu'il est doué à la fois de la puissance et de la sagesse suprêmes, sa félicité non seulement pénètre la nôtre (si nous sommes sages, c'est-à-dire si nous l'aimons lui-même), mais aussi la constitue. Mais puisque la sagesse doit diriger la charité, la sagesse aussi aura besoin d'une définition. Or je juge satisfaire le mieux possible à la notion que les hommes en ont, si je dis que la sagesse n'est rien d'autre que la science de la félicité elle-même.* »

Vous connaissez maintenant notre petit exercice leibnizien : lisez et relisez les tronçons soulignés, et laissez votre pensée se déployer. Mis bout à bout, ils sont explicites : l'amour divin englobe tous les autres et constitue à la fois une source de félicité et de sagesse. En synthèse, l'adepte de l'amour divin fait d'une pierre trois coups : il renforce sa relation à Dieu et se rapproche de la sagesse et de la félicité.

Consigne : vous devez penser mais également sentir car *Dieu ne se prouve pas, il s'éprouve.* D'ailleurs, les preuves rationnelles de l'existence de Dieu concoctées par les philosophes classiques (cf. le célèbre argument ontologique de Saint Anselme repris par Descartes…) n'ont aucune force contraignante rationnelle, cela va sans dire. Toutefois, elles peuvent renforcer la foi de celui qui croit déjà. Et lui permettre, le cas échéant, de communiquer ses idées spirituelles de manière structurée. En synthèse, si Dieu ne se démontre pas à la manière d'un raisonnement mathématique, les fameuses « preuves » conservent néanmoins pertinence intellectuelle et utilité pratique, dans la mesure où elles peuvent, si le cœur vous en dit, servir de base à un exercice spirituel en vue de prendre conscience de notre indéfectible union à Dieu.

Sexus sacrificium ?

Dernier aspect : sans entrer dans le détail, je me dois d'aborder rapidement un sujet directement lié au contenu de ce livre : le rapport entre l'une des principales expressions de l'amour humain (la sexualité) et la pratique de l'amour divin, qui, *in fine*, suppose son dépassement.

Pour nous mettre en bouche, citons à nouveau Helen Fisher. Nous n'avons plus besoin de la présenter : « *Le sexe est un bienfait pour peu que l'on soit avec une personne que l'on apprécie, que le moment soit opportun et que l'on ait le goût de cette forme d'exercice et d'expression. Caresses et massages* déclenchent *l'ocytocine et les endorphines, les substances cérébrales de la relaxation et du sentiment d'attachement. Le sexe permet de préserver toute la tonicité de la peau, des muscles et des autres tissus de votre corps. Et au moment de l'orgasme, le cerveau de la femme libère de l'ocytocine et celui de l'homme de la vasopressine – substances associées au sentiment d'attachement.* » L'auteur continue ainsi avec plusieurs pages de descriptions physiologiques tendant à montrer que les délices du lit valent largement une apaisante séance de sophrologie.

Et maintenant je pose une question : si la sexualité (maîtrisée, saine…) constitue une activité relaxante et propre à réduire la rivalité et, en dernière analyse, la violence entre deux êtres humains (*make love, not war !*), les adeptes de la spiritualité et les champions de l'amour divin devraient non seulement l'encourager, mais la pratiquer eux-mêmes avec une innocente gourmandise et une assiduité non coupable.

Or, statistiquement, de l'Orient des sages à l'Occident des saints, millénaire après millénaire, texte après texte, conférence après conférence, on en revient toujours au même point : le sexe est, au mieux, une phase préparatoire à l'expérience du « divin » ; au pire, une force diabolique qui nous rive au monde de la matière. Conséquence : dans tous les cas de figure, le destin de la vie sexuelle est de s'abolir dans la vie spirituelle.

Concrètement :

* le célibataire doit conserver cet état heureux et orienter toutes ses énergies vers l'ascèse et le service désintéressé aux autres ;
* le couple marié doit – idéalement – user du sexe uniquement pour enfanter puis s'établir dans une union des cœurs et non plus des chairs. Le message de la plupart

des Maîtres de toutes époques et horizons aux hommes est péremptoire : « Tu dois considérer toute femme plus vieille que toi comme ta mère, toute femme de ton âge comme ta sœur, à commencer par ta propre épouse, et toute femme plus jeune que toi comme ta fille. »

Quitte à laisser le lecteur sur sa faim, en lieu et place d'analyse, je propose à chacun d'entamer par et pour lui-même une recherche personnelle. Les hypothèses et les arguments abondent pour expliquer, voire justifier, une position aussi intransigeante. Alors, à vos claviers et à vos ordinateurs, la chasse à l'information est ouverte !

Munis d'un trident philosophique pour éclairer notre conscience du savoir aimer, équipés intellectuellement pour envisager, selon les cas, la bonne volonté universelle ou l'amour divin, il ne nous reste plus qu'à oser le passage à l'action. Avec patience, lucidité et modestie.

Quatre idées en forme de conseils

✓ Première chose à faire avant d'aborder la question de l'amour divin : éclaircissez vos idées sur Dieu. Franchement, tout part de là. Le Divin est-il, pour vous, une sorte de super-personne intervenant dans l'histoire humaine, une force impersonnelle impassible, une puissance bienveillante, etc. ? Laissez émerger vos émotions, vos résistances tout autant que vos interrogations et vos idées.

✓ Mettre en place une articulation intellectuelle d'abord, pratique ensuite, entre amour humain et amour divin constitue, en soi, un exercice spirituel particulièrement exigeant. Avant de se lancer, éventuellement, dans un tel « projet », mieux vaut ruminer cette remarque de François de Sales (1567-1622), le saint patron des journalistes et des écrivains : « *Dans le régime des âmes, il faut une tasse de science, un baril de prudence et un océan de... patience.* »

✓ Dans le paradigme de l'amour divin, l'autre (conjoint ou prochain) est aimé non pour lui-même mais *en* Dieu, autrement dit en tant qu'il représente une expression du divin (à la manière dont chaque rayon exprime la nature du soleil). Le lecteur conçoit sans difficulté que dans un couple, il est fortement conseillé que les deux membres se mettent au clair, premièrement, sur leur conception de l'amour divin, deuxièmement, sur les modalités pratiques de réalisation (doctrine, exercices, recours à des référents).

✓ Méditez inlassablement ce paradoxe : l'amour divin est un lien sans attache (c'est ma vision personnelle de la chose). Pas facile à saisir ? Et à vivre donc ! Mais si, malgré de compréhensibles résistances, cet étrange concept continue de vous intriguer, alors que passent les mois, voire les années, le moment est peut-être venu pour vous de démarrer un authentique cheminement intérieur.

Éclairages complémentaires

1. Arthur Schopenhauer, *Le Monde comme volonté et représentation*, PUF, 1966, p. 1368.
2. René Girard, *Des choses cachées depuis la fondation du monde*, Grasset, 1978.
3. René Girard, *Celui par qui le scandale arrive*, Desclée de Brouwer, 2001.

Chapitre 12

Et maintenant que faire : plaidoyer pour un nouveau contrat « philamoureux »

Le crépuscule de l'hypocrisie

Dans son système de la philosophie critique, Kant préten-
dait sauver la métaphysique en la purifiant de ses divaga-
tions et en lui fixant des limites extrêmement rigoureuses.
Résultat : le remède a pratiquement tué le malade. Car au
sortir de la cure kantienne, à part le nom, on ne voit plus
guère ce qui subsiste de la métaphysique classique. Le
parallèle avec le sujet de ce livre va rapidement sauter aux
yeux du lecteur. Au terme de ce chapitre il s'écriera : « *La
conception de l'amour que nous propose l'auteur, ce n'est plus de
l'amour.* » Sans doute. Mais je prends un pari : tout être
humain qui lira (et relira) ce contrat en faisant l'effort de
mobiliser toutes ses ressources de sujet conscient, sentant,
pensant et agissant discernera, sous un apparent cynisme
radical (au sens courant car vous connaissez maintenant le
sens originel), d'extraordinaires opportunités de progrès.
Mieux : il en retirera des surcroîts d'optimisme et d'énergie. Certains d'entre vous auront la sensation d'en finir
avec l'enfance et de passer enfin à l'âge adulte.

8

Ce contrat « philamoureux » repose sur un principe d'airain : l'exigence de conscience. Exemple brutal mais parfaitement explicite : selon moi, ne peuvent recourir au mariage religieux (mettons, catholique) que les couples authentiquement chrétiens (combien de chrétiens autoproclamés ont-ils seulement lu La Bible *in extenso* ?) souhaitant, contre vents et marées, vivre leur union en chrétiens. Or, la plupart des candidats à la cérémonie à l'église n'ont d'yeux que pour le décorum et sont indifférents à l'engagement spirituel. Pure hypocrisie, donc. Eh bien, je n'ai rien à redire à cela, si le couple agit par hypocrisie consciente et assumée ! Ceci pour le « climat mental » dans lequel vont maintenant être déroulées les dix clauses du contrat qu'il vous appartient de méditer, critiquer, adapter et, le cas échéant, adopter.

Dix clauses qui ne sont pas des commandements

1. S'ancrer une fois pour toutes dans la conviction que la passion ne dure pas. Aucun serment n'a valeur d'engagement éternel car la vie est un perpétuel changement. Et ce n'est pas un drame !

2. Prendre le temps, au moins une fois dans sa vie, de réfléchir au rôle que l'on donne à la sexualité. Je dis bien réfléchir et non pas s'abandonner à des images érotiques.

3. *Idem* avec l'amour. Les images érotiques seront ici remplacées par les images romantiques.

4. Faire définitivement son deuil du mariage fondé exclusivement sur l'amour-passion. Ne perdons ni temps ni énergie à tirer sur une ambulance : le temps d'une certaine vision du mariage est révolu et nous

basculons progressivement dans l'ère des contrats d'union libre, à géométrie variable, à durée déterminée, à la carte, par tacite reconduction sauf dénonciation du contrat deux mois avant la date anniversaire… Inutile de poursuivre. En revanche, une union fondée sur la connaissance et l'acceptation du passage progressif de la passion à une complicité faite de solidarité et d'écoute est susceptible de durer (vous avez bien lu). À la condition expresse d'être envisagée comme dynamique d'évolution : je travaille sur moi, tu travailles sur toi, nous progressons.

5. Envisager froidement la question de l'infidélité. D'autant que l'Internet permet de passer rapidement de la tentation à sa réalisation. Et surtout pas d'auto-duperie : « Moi, jamais ! » Douter de soi a parfois du bon. Et même du très bon. L'outrecuidance est mauvaise conseillère.

6. Les unions entre personnes du même sexe n'échappent en rien à la dynamique générale. Preuve que l'essentiel se joue ailleurs. Sujet suivant.

7. Renoncer à la croyance qu'on peut changer par amour. Sinon, tout alcoolique amoureux aurait cessé de boire. On change pour soi-même. L'autre peut, au mieux, représenter une source de motivation. C'est déjà beaucoup.

8. Bon, je l'admets, dans ce paragraphe (fort long), je vais me lâcher un peu. Donc : dites-vous bien que les familles recomposées démultiplient les interactions relationnelles et, de ce fait, sont le point de départ de problèmes endémiques. Entre les ex, futurs-ex, retours aux ex, les enfants, les beaux-enfants, les bébés à faire, les grossesses tardives, les revirements soudains,

l'empilement des papys et mamys dont il faut s'occuper, les frères, sœurs, amis, copains, copines, tantôt enne-mis, tantôt alliés, le maillage devient proprement inex-tricable. Conséquence : si les notaires se frottent les mains de cette manne de contrats (achats de biens, suc-cessions...) à casser/reconfigurer sans fin, les concep-teurs du code des impôts peuvent, de leur côté, dire adieu aux nuits paisibles. Et vous dans tout ça ? Eh bien prenons votre cas, oui vous, Monsieur, qui portez beau vos quarante-six printemps, votre denture ripolinée et votre régime Dukan. Profitez de votre nouvel amour. Car très vite, vous serez pris dans le filet des paroles : « Oui je t'aime, la preuve j'ai divorcé pour toi, mais je ne peux pas abandonner mon ex-épouse comme ça, après vingt ans de vie commune, d'autant que financièrement elle se retrouve dans une situation délicate. D'ailleurs toi aussi tu as donné un coup de main à ton ex-mari, pas plus tard que la semaine dernière, et je le comprends fort bien. On ne peut pas laisser tomber comme de vieilles chaussettes des gens qui ont partagé nos vies pendant des années et avec qui nous avons eu des enfants. » Puis, ce sera l'accalmie (« Mon nouveau mari est un chic type, mais il est *trop* gentil finalement ») jusqu'à la sollicitation suivante (facture impayée, machine à laver en panne...). N'espérez ni secours ni repos du côté des enfants (« Bien sûr que tu es mon fils chéri, mais la fille de ma nouvelle compagne a également besoin de mon aide, surtout en ce comment. Elle déprime complètement à cause du divorce de ses parents. Ce serait sympa si on partait tous ensemble se faire un week-end sur la côte normande pour souffler un peu... Ah bon, ça te prend la tête ? C'est ringard ? Excuse-moi, je croyais que c'était une bonne idée... »).

Les mois s'écouleront et les tête-à-tête langoureux tendront à disparaître (« Mon chéri, tu m'as promis de m'accompagner voir mamy à la maison de retraite, tu te souviens ? »). Eh oui, vous avez promis. Vous consacrerez le samedi suivant à visiter votre propre grand-mère chez qui vous avez passé vos vacances d'enfant. Au passage : avec frayeur vous vérifierez que si tout le monde est malade personne ne meurt pour autant ! Ce n'est pas tout : comptez également sur l'arrivée à l'improviste de la meilleure amie de votre nouvelle femme (« Le salaud m'a larguée d'un coup, je n'ai rien vu venir »). Soumis à ce régime infernal, vous finirez par hurler : « J'en ai assez ! Je fais de mon mieux et tout le monde me tombe dessus. Et qui s'occupe de moi dans tout ça ? » Réponse : personne (vous verrez). Conseil : faites vôtre le plus vite possible la loi de fer de l'amour (donner sans RIEN attendre en retour). Programme inhumain ? Non, programme littéralement surhumain. Donc, nous sommes bien d'accord : à vous les délices de la culpabilité, de la frustration, des coups de déprime et des petits plaisirs volés entre deux coups de fil furieux. Quant à l'argent, vous pouvez faire une croix sur votre projet d'achat d'une fermette dans le Béarn, vous n'aurez jamais les sous. D'autant que vos éventuels héritages sont engloutis d'avance par les établissements spécialisés dans le traitement de la grande vieillesse. Faut-il jeter l'éponge ? Accrochez-vous au contraire : lorsqu'on vous portera en terre (à ce rythme ce sera plus tôt que vous ne pensez et il m'est avis qu'en votre for intérieur, vous n'en serez pas fâché), vous aurez développé des qualités d'écoute, de compassion, de patience, de tolérance, de solidarité, de générosité et connu, par là même, des joies subtiles inaccessibles à la plupart des hommes. À commencer par le meilleur des moines, fût-il une âme d'élite. Croyez-moi sur parole, car je suis on ne peut plus sérieux : au jeu de la dialectique consistant à aimer des êtres humains *à la fois* dans l'attachement et le détachement, vous surpasserez n'importe quel saint, yogi, bonze, etc. La plupart des *stars* de la mystique (les Sainte Thérèse, Ramdas et autres Siddhartha Gautama…) vivaient dans le célibat quand elles n'avaient pas purement et simplement abandonné femme et enfants pour servir Dieu[1].

9. La seule façon de concilier amour et raison (dans le couple) est de construire consciemment une logique de solidarité fondée sur le dialogue bienveillant. Aux candidats audacieux et persévérants, les joies subtiles du point numéro 8 sont pratiquement garanties par avance. Encourageant, non ?

10. Le premier secret dans la conduite réussie de la vie, c'est de cultiver le détachement. Le deuxième secret, c'est qu'on peut vivre le détachement dans l'attachement. L'amour véritable est un lien sans attache.

L'amour du partage, le partage de l'amour

Notez bien que je ne nourris aucune illusion particulière sur la portée de ce contrat. Lu et relu au soir d'une rupture, débouchant sur des engagements solennels (« On ne m'y reprendra plus », « Cette fois, je vais réellement changer », « Une nouvelle ère débute », « C'est décidé, je vais passer davantage de temps dans les livres de philo et moins sur les sites de rencontres »), il sera complètement oublié au premier regard prometteur échangé. Et c'est peut-être bien ainsi finalement. Seulement voilà : chacun de mes livres, s'il comporte sa dose de critiques – dans celui que vous êtes en train de lire j'ai battu mon record personnel – veut également être « force de proposition », comme disent nos chers politiques.

D'où les idées en forme de conseils proposées systématiquement en fin de chapitre et ce contrat de l'amour conscient. De la théorie et de la pratique, des idées et de l'action, tel est mon *motto*. Mon message : lisez, pensez, agissez, au mieux des possibilités du moment.

Je laisse le mot de la fin, non pas à un philosophe ou à un écrivain, mais à un cinéaste. Son propos, en forme d'apophtegme[2], peut servir de point de passage entre l'amour humain, l'amour divin et notre contrat philamoureux. Rien de moins. Claude Lelouch, le réalisateur d'*Un homme et une femme* (1966), énonce en effet : « *Le monde du partage devra remplacer le partage du monde.* » Le partage. Un mot merveilleux.

Quatre idées en forme de conseils

✓ Relisez l'intégralité des rubriques « quatre idées en forme de conseils ».

✓ Consultez la bibliographie et construisez votre programme de lecture en démarrant par le livre de Catherine Merrien.

✓ Relisez ce contrat « philamoureux ».

✓ Relisez ce livre.

Éclairages complémentaires

1. Mon propos peut sembler outrancier. Sauf que ce constat a été dressé maintes fois dans l'histoire de la spiritualité d'Orient ou d'Occident, par les géants spirituels eux-mêmes. Ainsi, pour l'illustre Râmakrishna (1836-1886), qui était marié, mon propos « dévastateur » ferait figure de remarque banale. Dans son enseignement, il n'hésite pas à qualifier de « héros » le père de famille capable de conserver son attention braquée sur l'idéal spirituel au cœur des vicissitudes du quotidien. Il conseille simplement aux papas mystiques de se ménager à intervalles réguliers, des retraites de méditation solitaire, afin de recharger leurs batteries. Le non moins célèbre Ramana Maharshi (1879-1950), célibataire, ne dira pas autre chose.

2. Du grec *apophthegma*, « sentence ». Se dit d'une parole qui, par son contenu et sa portée, a valeur de sentence.

Conclusion

Le rétablissement de Vénus est en bonne voie

Les chapitres précédents ont voulu montrer qu'au fil des siècles, les philosophes de chair et de sang, à commencer par les pics de la pensée occidentale, se sont largement répandus sur ce qui, finalement, fait le sel de l'expérience humaine : le sentiment, l'émotion, la passion, l'amour (de l'autre, de l'art, des idées, de Dieu…). Tous les grands s'y sont collés, avec ardeur, enthousiasme, hostilité, parfois en ronchonnant (comme l'auteur). Chacun à leur manière, ils y ont jeté toutes leurs forces de lucidité, mais aussi de naïveté, déployé leurs capacités de discernement et commis d'énormes erreurs de jugement. Inévitable puisque le meilleur philosophe peut, lui aussi, chanter : « *Je ne suis qu'un homme, rien qu'un homme.* » Car nos penseurs, au détour d'une lettre ou d'une confession, ont parfois des faiblesses de midinettes, d'ailleurs touchantes. Eux aussi y vont de leur : « *À quoi bon vivre libre si c'est pour vivre sans amour ?* », comme de leur : « *Je vais t'aimer comme j'aurais tellement aimé être aimé.* » Du reste, plusieurs de nos philosophes du petit écran admettent brandir leur briquet dans les salles de concert avant d'entonner, la voix tremblante et les yeux mouillés, les ritournelles increvables… « *Pour un flirt avec toi, je ferais n'importe quoi…* » Et pour un flirt avec le public également car certaines « confidences », non dénuées d'arrière-pensées, sonnent un peu faux : « *Le spécialiste de Kant et de Wittgenstein que je suis, chante sous la douche, tout comme vous.* » Pourquoi pas ? Plusieurs philosophes nous ont d'ailleurs déjà fait le coup, en avouant leur passion pour le football. Au point qu'aujourd'hui, la posture du penseur anti-foot est complètement tombée en désuétude.

Revenons donc à plus fondamental. Plusieurs penseurs ont basculé, consciemment ou non, je pense à Nietzsche ou Kierkegaard, dans une logique de fascination/suspicion envers l'amour, à la façon de ces amants déçus qui raillent l'idéal auquel ils n'osent plus croire, mais qui les fait soupirer dans l'intimité de leur cœur. Pour le dire autrement : l'objectivité du concept, mais une telle objectivité est-elle accessible à l'homme en un tel domaine ?, s'exprime toujours, il faut y insister, dans les limites d'un tempérament.

Conséquence 1 : je ne dois jamais oublier que ma pensée de l'amour est indissociable de ma propre expérience de l'amour. À l'instar du problème de l'union et de l'âme et du corps qui a fait suer sang et eau en pure perte aux géants du passé, la jonction entre une expérience existentielle (l'amour en est une et quelle expérience !) et sa représentation intellectuelle sous forme d'abstraction constitue un problème cognitif considérable. Sous forme plus poétique : c'est un superbe mystère de la conscience humaine.

Conséquence 2 : admettre le principe d'une interaction entre les niveaux intellectuel et psychologique est une salutaire précaution, spécialement pour qui prétend penser l'amour. Si la réflexion veut se donner une chance de raisonner avec pertinence sur le fait amoureux, elle doit d'abord admettre l'effet de parasitage psychologique permanent du sentiment et les coups de folie du corps, qu'ils soient souhaités ou subis.

Méfiance, défiance, fascination, condamnation, suspicion, exaltation, sublimation... Les philosophes ont exploré – et explorent encore – les scénarios d'interprétation de la grammaire de l'amour. Certains, on l'a vu, ont clairement penché pour une sorte d'ascèse de la mise à distance, d'autres ont établi un réquisitoire définitif quand d'autres, encore, ont prôné la recherche d'un équilibre entre raison et passion.

Pour les penseurs affichant croyances métaphysiques et/ou religieuses, l'amour humain (limité, particulier, égoïste) trouve son épilogue naturel dans l'amour divin (infini, universel, transpersonnel).

Une chose est sûre : la bonne vieille philosophie, avec ses vingt-sept siècles au compteur, toujours bon pied bon œil, offre à l'humanité curieuse d'elle-même un patrimoine impressionnant, indéfectiblement disponible.

Mais il est temps de retrouver Vénus, une dernière fois. Encore marquée par son opération, la belle a néanmoins retrouvé des couleurs. Ravissement pour les yeux, elle est allongée sur un sofa, jean moulant, corsage ouvert sur une poitrine qu'on devine bronzée. Pour sûr, elle a dû passer quelques semaines de convalescence sur les rivages ensoleillés de la mer Égée, en compagnie de penseurs antiques. Avec une attention profonde, elle est en train de... lire. Rapprochons-nous discrètement. Au pied du sofa on reconnaît sans mal les ouvrages présentés dans la bibliographie de ce livre, et d'autres. Au mur a été accroché un imposant portrait de Spinoza. Nos chirurgiens ont vu juste : le séjour hollandais a produit l'effet escompté. Miss Beauté en pince pour « son » Baruch. Une union d'esprit bien sûr, donc indestructible. Dans ses mains se trouve l'ouvrage du prospectiviste américain Jeremy Rifkin. *Une nouvelle conscience pour un monde en crise. Civilisation de l'empathie.* Sur la base d'une érudition poussée, l'auteur y démontre que la montée de l'individualisme bien compris (qu'il ne confond pas avec l'égoïsme) favorise en fait l'émergence de nouvelles solidarités, que les réseaux informatiques, malgré leurs défauts, formalisent une conscience planétaire positive. Par exemple : j'aime mes enfants mais je ne suis pas indifférent au sort de ceux qui habitent sur un autre continent, au point de participer activement au financement de leur éducation. Pour Rifkin, il existe chez l'homme une sorte d'instinct qui le porte vers les valeurs de compassion et de solidarité envisagées comme des fins. Un sacré antidote au cynisme ambiant. Deux courtes citations tirées des pages lues par Vénus :

> « *Un puissant sentiment d'inquiétude et d'altruisme soulève des centaines de millions de personnes autour du monde. Ce sont des exemples très forts de la nouvelle réalité empathique qui gagne l'humanité. Aujourd'hui, un drame collectif, une catastrophe écologique, un accident nucléaire touche chacun d'entre nous* »

> « *À l'heure d'Internet et des réseaux sociaux, des milliards de personnes s'informent, s'éduquent, découvrent comment vivent leurs voisins, tandis que la quasi-totalité des recherches scientifiques, des créations artistiques, des livres, du matériel politique deviennent accessibles.* »

Empathie. Compassion. Solidarité. Savoir. Connaissance. Conscience. Tels sont les concepts majeurs avec lesquels Vénus entend désormais éclairer le désir, la passion, l'amour. Sa lanterne ? La philosophie.

Annexes

Bibliographie sélective pour penser et agir

On a vu dans ce livre que tout au long des siècles, les philosophes ont, contrairement à une idée reçue, abondamment réfléchi et écrit sur l'amour. Une bibliographie en bonne et due forme réclamerait au moins plusieurs dizaines de pages. J'ai choisi de m'en tenir à une liste sélective dont l'objet est de montrer, brièvement, l'amplitude du panorama de la littérature humaine consacrée à la question de l'amour. Ainsi, les textes antérieurs de plusieurs siècles à l'ère chrétienne côtoient les ouvrages sortis il y a quelques mois. Les philosophes côtoient les écrivains.

Conseil pratique : si vous souhaitez accomplir un travail en profondeur, consacrez une année à la lecture intégrale de la bibliographie (la partie littéraire peut comporter quelques impasses) et songez à consigner par écrit vos remarques, réflexions, coups de cœur et coups de gueule. La relecture de vos notes sera – j'en suis convaincu – particulièrement riche d'enseignements et révélatrice de votre identité profonde.

Suggestion (très) appuyée : démarrez par l'ouvrage de Catherine Merrien qui a concocté un superbe voyage philosophique au pays de l'amour.

Remarque : chaque livre indiqué est assorti d'un bref commentaire.

BADOU, Alain, *Éloge de l'amour*, Flammarion, 2009.

Un jeu de questions-réponses très intéressant et vif, entre un philosophe et un journaliste.

BIBLE (de Jérusalem), Desclée de Brouwer, 1997.

Un texte spirituel inépuisable pour réfléchir et s'ouvrir à la notion si particulière d'amour divin. Et de son articulation avec l'amour humain. Lire notamment le *Cantique des cantiques* (texte troublant, superbe) et *Les Évangiles* (un des trésors du patrimoine spirituel de l'humanité, qu'il faut évidemment avoir lu dans sa vie).

COHEN, Albert, *Belle du Seigneur*, Gallimard, 1968.

La séduction. Le rêve de l'autre. La poursuite du désir. L'érosion de la passion face au temps qui passe. Une superbe réflexion sur l'amour-passion.

COMTE-SPONVILLE, André, *Présentations de la philosophie*, Albin Michel, 2000 (réédition au Livre de Poche, 2003).

Le chapitre consacré à l'amour demande à être lu et relu. Inlassablement. Et complété/éclairé par un autre texte, très bref, du même auteur : *Le Bonheur, désespérément*, Librio, 2003.

FERRY, Luc, *La Révolution de l'amour, pour une spiritualité laïque*, Plon, 2010.

L'auteur, pourtant prolifique, dit lui-même de ce livre qu'il « *constitue probablement ce qu'il a écrit de plus important* ». Et en effet, cet ouvrage multiplie les axes de réflexion sur le mariage d'amour, le souci des générations futures, la « sacralisation de l'humain par l'amour » et bien d'autres sujets connexes.

FISHER, Helen, *Pourquoi nous aimons*, Robert Laffont, 2006.

Ce livre est un des principaux textes développant les thèses, de plus en plus connues du public, de la neurobiologie de l'amour. L'auteur étudie le sujet depuis plus de trente ans au travers de recherches et d'enquêtes très approfondies. Actuellement, Helen Fisher souhaite étudier le mécanisme qui nous pousse à tomber amoureux d'une personne particulière.

FRÈRE, Jean, *Philosophie des émotions*, Eyrolles, 2009.

Un livre érudit mais accessible, sur la nature et le statut des émotions chez les penseurs antiques. Et la manière dont ils peuvent nous aider, aujourd'hui encore, à en faire « bon usage ». Je conseille d'étudier en particulier la petite grammaire des émotions proposée en début d'ouvrage.

GALVADA, Anna, *Je l'aimais*, J'ai Lu, 2009.

La folle passion jusqu'à la trahison de l'homme qui ne sait pas résoudre le conflit, classique, entre ce qu'il a (une épouse, une famille, une situation) et ce qu'il veut (une maîtresse, un fol amour, une seconde jeunesse).

LANCELIN, Aude, et LEMONNIER, Marie, *Les Philosophes et l'Amour. Aimer de Socrate à Simone de Beauvoir*, Plon, 2008.

Un excellent travail documentaire sur les biographies amoureuses de nos chers penseurs, une lecture réellement savoureuse due à un style alerte, mais, malheureusement, l'analyse philosophique brille… par son absence. Et c'est bien dommage.

MERRIEN, Catherine, *L'Amour, de Platon à Comte-Sponville*, Eyrolles, 2010.

À lire im-pé-ra-ti-ve-ment de la première à la dernière ligne, pour apprendre à philosopher avec profit sur l'amour.

Si vous ne deviez lire qu'un seul ouvrage indiqué dans cette bibliographie, ce serait celui-ci. Vous voilà informés.

MEYER, Michel, *Le Philosophe et les Passions*, PUF, collection Quadrige, 2007.

Un livre très savant mais d'une lecture accessible qui couvre l'évolution du concept de passion et, d'une certaine manière, dresse un portrait de la nature humaine. « *Les passions ont toujours hanté l'histoire de la philosophie occidentale. Excès et absolu à la fois, la passion met en question l'homme tout entier* », dit l'auteur qui nous invite à un voyage intellectuel… passionnant.

OLDENBOURG, Zoé, *La Joie-Souffrance*, Gallimard, 1980.

Cette passionnée d'histoire, d'origine russe, propose avec ce roman-fleuve une réflexion générale sur l'expérience de l'amour. Le titre vaut à lui seul une longue méditation.

PETRESCU, Camil, *Dernière nuit d'amour, première nuit de guerre*, Éditions Syrtes, 2007.

« *Tout amour est un monothéisme volontaire au début, pathologique ensuite.* » Avec cette citation, on comprend pourquoi cet écrivain a été surnommé le « Proust des Balkans ». Pas sûr que l'herbe du sentiment repousse après son passage.

PLATON, *Le Banquet, Phèdre*, Flammarion, 1964.

Textes fondateurs sur ce que les philosophes occidentaux ont dit de l'amour. Une lecture irremplaçable.

PROUST, Marcel, *À la recherche du temps perdu*, Gallimard, 1999.

Les lecteurs courageux plongeront dans les 2 400 pages du roman-fleuve de Proust, les autres se concentreront en priorité sur le superbe texte *Du côté de chez Swann*, édité en volume séparé chez Folio Gallimard, où figure *Un amour de Swann.* Une méditation implacable, troublante, lucide sur le sentiment, le désir, l'attachement, l'amour, la jalousie bien sûr, le tout d'une portée universelle.

ROLLAND, Romain, *La Vie de Ramakrishna*, Stock, 1993.

Ce livre est en soi une sorte de miracle : Romain Rolland (1866-1944) présente la vie et l'enseignement d'une âme d'élite dans le domaine de l'amour divin, « comme si on y était ». Le texte est supérieurement rédigé, abonde en idées comme en détails biographiques, sans jamais sombrer dans l'hagiographie. D'une certaine façon, Ramakrishna incarne à lui seul la quintessence de l'hindouisme, du vedanta et de la mystique d'Orient ou d'Occident. Un champion de l'amour divin/universel toutes catégories, à connaître absolument !

SCHOPENHAUER, Arthur, *Métaphysique de l'amour*, chapitre XLIV, *in Le Monde comme volonté et représentation*, PUF, 1966. Édition séparée, collection 10/18.

Exposé de la vision pessimiste du célèbre « misanthrope de Francfort » dans laquelle l'émotion amoureuse qui saisit l'homme et la femme n'est que le piège tendu par la Volonté (concept clé dans le système de Schopenhauer) en vue d'assurer la conservation de l'espèce. Sa vision du monde emprunte plusieurs thèses au bouddhisme et à l'hindouisme. À rapprocher de tout ce que Schopenhauer a dit de la pitié et de la compassion avec des phrases superbes (cf. *Le Fondement de la morale*). C'est bien connu : les cyniques sont des idéalistes déçus qui ne rêvent au fond que de l'amour le plus pur.

TOLSTOÏ, Léon, *La Sonate à Kreutzer, Le Bonheur conjugal, Le Diable*, Folio, 1960.

Des textes implacables, supérieurement écrits. Indissociables, la vie de l'écrivain et son œuvre fournissent le matériau d'une réflexion de portée universelle.

Enfin, je recommande fortement la lecture de trois numéros de *Philosophie Magazine* : le numéro 7 de mars 2007 (*Sexe et morale*), le numéro 18 d'avril 2008 (*L'Amour à l'épreuve de la liberté*) et le numéro 48 d'avril 2011 (*Je t'aime, enquête sur une déclaration universelle*).

Florilège de citations pour aimer avec lucidité, du moins pour essayer

Ces citations, extraites des œuvres de penseurs aussi différents par les idées et les époques que Bachelard, Rousseau, Nietzsche ou Simone Weil, s'adressent à toute personne qui aime, a aimé, désire aimer, voire même a cessé d'aimer. Ces courts extraits sont à méditer en regard du contenu de ce livre. Leur ambition ? Penser et vivre l'amour (de la passion d'un soir à un engagement durable) avec authenticité et lucidité. Entreprise impossible pour l'être de chair et de sang ? Peut-être. Mais *c'est un beau risque à courir.*

> « *L'homme est une création du désir,*
> *non pas une création du besoin.* »
> Gaston Bachelard, *La Psychanalyse du feu.*

> « *Il me semble que l'erreur qu'on commet le plus ordinairement*
> *touchant les désirs est qu'on ne distingue pas assez les choses*
> *qui dépendent entièrement de nous de celles*
> *qui n'en dépendent point.* »
> René Descartes, *Les Passions de l'âme.*

> « *L'amour est une émotion de l'âme causée par le mouvement*
> *des esprits qui l'incite à se joindre de volonté aux objets qui*
> *paraissent lui être convenables. Et la haine est une émotion,*
> *causée par les esprits, qui incite l'âme à vouloir être séparée*
> *des objets qui se présentent à elle comme nuisibles.* »
> René Descartes, *Les Passions de l'âme.*

« *Ce n'est pas par la satisfaction des désirs que s'obtient la liberté, mais par la destruction du désir.* »
Épictète, *Entretiens IV.*

« *Je ne vois pas de mariages qui échouent et soient troublés plus tôt que ceux qui sont mis en route par la beauté et les désirs amoureux. Il y faut des fondements plus solides et plus stables, et y marcher avec précaution. Cette bouillante allégresse n'y est pas bonne.* »
Montaigne, *Essais, Livre III.*

« *La croyance à l'amour est peut-être le seul mythe auquel nous devrions nous attacher.* »
Edgar Morin, *Amour, sagesse, poésie.*

« *Ce qu'on n'a pas, ce qu'on n'est pas, ce dont on manque, voilà les objets du désir et de l'amour.* »
Platon, *Le Banquet.*

« *Plus le désir avance, plus la possession véritable s'éloigne. De sorte que si le bonheur, ou du moins l'absence de souffrance, peut être trouvé, ce n'est pas la satisfaction mais la réduction progressive, l'extinction finale du désir qu'il faut chercher.* »
Marcel Proust, *Albertine disparue.*

« *L'amour est une joie accompagnée de l'idée d'une cause extérieure. La haine est une tristesse accompagnée de l'idée d'une cause extérieure.* »
Baruch Spinoza, *Éthique, III.*

« *L'amour, chez celui qui est heureux, est de vouloir partager la souffrance de l'aimé malheureux. L'amour, chez celui qui est malheureux, est d'être comblé par la simple connaissance que l'aimé est dans la joie, sans avoir part à cette joie, ni même désirer y avoir part.* »
Simone Weil, *La Pesanteur et la Grâce.*

« *Il n'y a point de passion qui nous fasse une si forte illusion que l'amour : on prend sa violence pour un signe de sa durée ; le cœur surchargé d'un sentiment si doux l'étend pour ainsi dire sur l'avenir, et tant que cet amour dure on croit qu'il ne finira jamais. Mais, au contraire, c'est son ardeur même qui le consume ; il s'use avec la jeunesse, il s'efface avec la beauté, il s'éteint sous les glaces de l'âge ; et depuis que le monde existe on n'a jamais vu deux amants en cheveux blancs soupirer l'un pour l'autre.* »
Jean-Jacques Rousseau, *La Nouvelle Héloïse*, III.

« *L'épris sera immanquablement aveugle aux défauts de l'être aimé, bien qu'à l'ordinaire, il recouvre la vue huit jours après le mariage.* »
Emmanuel Kant, *Anthropologie du point de vue pragmatique*, I.

« *Beaucoup de brèves folies – c'est ce que vous appelez l'amour. Et à ces folies, le mariage met fin – par une longue bêtise.* »
Friedrich Nietzsche, *Ainsi parlait Zarathoustra*.

« *Il y a bien çà et là sur terre une espèce de prolongement de l'amour dans lequel cette aspiration avide qu'éprouvent deux personnes l'une pour l'autre fait place à un désir et à une convoitise nouvelle, à une soif supérieure et commune d'idéal qui les dépasse : mais qui connaît cet amour ? Qui l'a vécu ? Son véritable nom est amitié.* »
Friedrich Nietzsche, *Le Gai Savoir*, I.

Cast

I wanna be your dog
Diogène de Sinope (vers -413-327)

Thinking machine
Gottfried Wilhelm Leibniz (1646-1716)

Y'a d'la joie
Baruch Spinoza (1632-1677)

J'ai le cœur grenadine
Simone de Beauvoir (1908-1986)

Gigi l'Amoroso
Jean-Paul Sartre (1905-1980)

Qui j'ose aimer
Hannah Arendt (1906-1975)

Elle au printemps, lui en hiver
Martin Heidegger (1889-1976)

Le démineur
Bertrand Russell (1872-1970)

Terminator
Marcel Proust (1871-1922)

Index des notions/auteurs